中国好课程经典文库

甘肃
文化读本

施泽玉 / 编著

民主与建设出版社

·北京·

© 民主与建设出版社，2018

图书在版编目（CIP）数据

甘肃文化读本 / 施泽玉编著. — 北京：民主与建
设出版社，2018.5
ISBN 978-7-5139-2135-0

Ⅰ.①甘… Ⅱ.①施… Ⅲ.①文化史－甘肃 Ⅳ.
①K294.2

中国版本图书馆CIP数据核字（2018）第087996号

甘肃文化读本
GANSU WENHUA DUBEN

出 版 人	李声笑	
著 者	施泽玉	
责任编辑	刘 芳	
封面设计	姜 龙	
出版发行	民主与建设出版社有限责任公司	
电 话	（010）59417747 59419778	
社 址	北京市海淀区西三环中路10号望海楼E座7层	
邮 编	100142	
印 刷	廊坊市金朗印刷有限公司	
版 次	2018年5月第1版	
印 次	2018年5月第1次印刷	
开 本	710 毫米 × 1000 毫米 1/16	
印 张	12.25	
字 数	221千字	
书 号	ISBN 978-7-5139-2135-0	
定 价	45.00元	

注：如有印、装质量问题，请与出版社联系。

龙飞凤舞

——源于甘肃的中国彩陶文化

甘肃是中国彩陶的故乡。甘肃彩陶从距今8000年前的大地湾一期文化起，经天水师赵村一期文化、仰韶文化、马家窑文化、齐家文化，直至辛店文化、沙井文化，时间跨度长达5000多年，经历了产生、兴起、繁盛、衰退的发展阶段，构成了一部完整的彩陶发展史。大地湾文化彩陶，不仅是迄今所知中国最早的彩陶，而且与世界上最早出现彩陶的两河流域哈苏纳文化的年代大致相当。哈苏纳文化也是世界上最早制出彩陶的古文化之一。甘肃彩陶上几十种不同种类的刻画符号被陇原大地的史前先民前后使用了4000年之久，并处于不断的发展与变化中，极有可能就是我国汉字的起源，是象形文字和数字的雏形，是甘肃华夏文明的象征。

甘肃作为华夏文明的发源地之一，历史遗产、经典文化、民族民俗文化、旅游观光文化等四类资源丰富程度排名全国前五位，是名副其实的中华民族重要的文化资源宝库。例如，敦煌莫高窟、万里长城第一关嘉峪关被列为世界文化遗产；"花儿"被列为联合国人类非物质文化遗产代表作之一。汉唐时期的敦煌，东可到达长安、洛阳；西可通向古代西域（新疆），经西域南北两道，越过帕米尔高原，可通向中亚、南亚印度、西亚波斯，乃至地中海的古希腊、古埃及；向北越过戈壁沙漠，沿天山北麓西行进入草原丝绸之路，是古丝绸之路上的一处"咽喉之地"。历史上的敦煌既是东西方贸易的中转站，也是宗教、文化和知识的交汇处。丝绸之路旅游线被国家确定为向全球推介的12条中国旅游精品线路之首。甘肃全省出土汉简6万多枚，占全国出土简牍总数的82%，是见证国家统一的重要原始材料。全省目前共有各类不可移动文物点16895多处，其中全国重点文物保护单位73处。有国家级历史文化名城4座，历史文化名镇7座。全省馆藏文物近43万件，其中国家一级文物3240件，珍贵文物11万多件。佛教文化、道教文化、五凉文化、西夏文化遗存丰厚。甘肃还独具东乡族、保安族、裕固族等3个少数民族文化。红色文化广泛富集，全省共有重大革命文物遗址300多处，全国爱国主义教育示范基地13个。

只有传承有绪的文化，才能形成历史的穿透力。徜徉在这些古老的石窟寺庙、长城关隘、塔碑楼阁、古城遗迹之间，解读甘肃先民多姿多彩生活的密码，领略华夏民族奋发向上、豪迈进取、勇往直前的精神，与飞天共舞，与佛陀对话，找寻完整的陇地文化生命线，你会发现，这种文化正焕发着活力，它不只是在博物馆中，也在那静默的山与奔腾的河流之中。感悟这种文化的内涵就是一种传承，这种传承是一种精神，更是一种创新。

创作叙事

文化是民族的血脉，是民族的基因。地方文化包括一定的地域范围内长期形成的历史遗存、文化形态、传统精神、社会习俗、生产生活方式和道德传统等，具有鲜明的地域性和独特性。以地方文化为主题的校本课程能较好地挖掘课程的价值，更容易体现课程的社会功能。校本课程的开发是为尊重具体学校环境及师生的独特性和差异性而存在的，是根据自身特点和资源（学校、教师、学生），设计、组织并实施的课程，地方历史文化校本课程能够更加关注学生个性发展的需求，对学生获得知识、参与生活、增加体验、实现创新的培养更具针对性。

甘肃有8000年历史文化，融丝路文化、敦煌文化、黄河文化、伏羲文化、藏传佛教文化、伊斯兰文化、陇东黄土地文化为一体，理应成为中学历史教学的重要资源。2012年，甘肃省委省政府决定实施"3341"项目工程。这项工程是全省"十二五"规划确定的重大战略工程的延伸和拓展，其中打造"兰州新区经济增长极、华夏文明传承创新、甘肃生态安全屏障"三大战略平台的举措就是开发甘肃地方历史文化校本课程的契机。2013年，国务院办公厅正式批复支持甘肃省建设华夏文明传承创新区。2014年3月，教育部公布《完善中华优秀传统文化教育指导纲要》（简称《纲要》），提出加强中华优秀传统文化教育的一系列方针和政策措施。依据《纲要》精神，根据国家基础教育课程改革有关加强地方学校课程开发和实施的要求，基于我省开展甘肃地方经济发展、文化传承和生态保护方面的教育需求，甘肃地方历史文化校本课程的开发与实施迫在眉睫。

兰州市高中历史名师工作室从2013年就开始了甘肃地方历史文化校本课程的探索与实践，经过反复的研究论证，提出了"甘肃地方历史文化校本课程的开发与研究"这一颇具针对性、实践性和应用性的课题。2014年6月，被兰州市教育科学规划办批准确立为兰州市教育科学"十二五"规划课题，同年7月，被甘肃省教育科学规划办批准确立为甘肃省教育科学"十二五"规划课题，课题批准号为GS［2014］GHB0607。

为了确保历史校本课程开发的质量，课题研究团队以兰州市高中历史名师工作室为平台，永登一中历史组为核心，成员来自兰州二中、兰州民族中学、兰州五十二中、兰州五十八中、兰州八十二中、永登一中、永登六中等不同类型的学校，并邀请高校专业老师指导，邀请部分学生家长及各学校高二年级文科班中对历史兴趣浓厚的学生参加，组建了一个有核心、有层次、涉及面广的课题团队。

在课程开发的过程中，兰州市高中历史名师工作室团队申报立项省、市规划课题，成员分别申报立项市、县、校个人课题，研究的方法是以团队研讨与个体攻关相结合、统一规划与分工协作相结合、文献研究与实地考察相结合、理论认识与实践反思相结合的方式。工作室宏观规划，成员选择自己擅长的内容，主要以个人小课题研究为主，在"原始资料收集—资料汇编—课文撰写—论证修改"的过程中，运用文献研究法、行动研究法、调查法等方法进行研究。

地方历史文化作为校本课程的资源，涉及面广，相关的素材多，如何将甘肃8000年历史文明简约地以通俗读本的形式展示出来，适合学生的学习需求，让学生轻松而愉悦地了解家乡的历史文化，推动甘肃华夏文化的传承与发展成为课题难点。课题组成员的共识是《甘肃文化读本》课文既要通俗易懂，图文并茂，激发学生学习的兴趣，还要给学生留白，引导他们去思考、去探究。课题组多次讨论最终确定读本分为37课，平均每课4～6页，全书190页左右。每节课文字2000～5000字，全书文字总量10万字左右。每课配3～6幅地图和图片，全书图片180幅左右。文本部分按照"思考提示、正文叙述、图片图表地图、注释说明、相关链接、活动建议"等六个方面撰写。编写各章节时凸显的主题有甘肃地方史的文化精神，甘肃地方史的时间节点、发展脉络与重大变迁、甘肃在东西方交流和华夏文明发展传播中的地位作用，甘肃文化的多元性、多民族性等。吕海军编写第2、3课，王明玉编写第7、32课，王久中编写第10课，马建虎编写第12、19、20、22及第29课，苗红琴编写第14课，田生泉编写第16课，王源编写第25课，孙爱贞编写第31课，刘军民编写第33课，周燕编写第35课，王有龙编写第36课，其余内容均由施泽玉编写。

2015年6月25日，兰州市教育科学研究所课题室姜竹青主任等一行四人来永登县对课题中期验收，课题负责人施泽玉从课题管理情况、课题工作进展情况和执行情况、课题工作的创新性、课题研究中存在的问题和下一阶段研究计划，以及确保最终成果的主要措施等五个方面做了汇报，验收组有针对性地提出了意见和建议。2015年底，《甘肃文化读本》初稿完成，课题组成员在各自的学校实验使用，教师和学生都提出了宝贵的意见。2016年10月，课题通过鉴定，《甘肃文化读本》修改稿完成。几年来，在课题研究的过程中，我们得到甘肃省教育科学规划办公室、兰州市教育科学规划办公室、永登县教育局教研室等多家单位的大力支持与帮助，尤其是时任兰州市教育科学研究所副所长的瞿利业同志为《甘肃文化读本》编写纲目，多次与课题组研讨，在此一并表示感谢。

纵观《甘肃文化读本》，有以下四个特点：第一，时序性。本书以时间为线索，分为四个单元。第一单元"天倾西北——甘肃华夏文明的崛起与东移（先秦）"；第二单元"天马西来——甘肃华夏文明的西传与纳新（秦汉隋唐）"；第三单元"藏风回尘——甘肃华夏文明的失落与随转（宋元明清）"；第四单元"船在彼岸——甘肃华夏文明的嬗变与新生（晚清以来）"。第二，典型性。读本内容如"长城文化""石窟文化""土司文化""甘肃红色文化""省会文化"等都是学生身边看得见、感受得到的典型文化。第三,引导性。地方历史文化校本课程引导学生热爱生活,深爱故乡的历史文化,拥有一定的探究兴趣和动机,关心传统文化的继承与创新、现状与趋势,以感悟之心增强对历史资源、文化精神的保护责任感。第四,互补性。地方历史文化对历史学科有益的补充,如"甘肃红色文化"一课就是对《历史(必修Ⅰ)》第15课《国共的十年对峙》的"红军长征"的补充,把教材中的概念具体化,增进学生对历史的理解。

　　《甘肃文化读本》一定存在许多不妥之处,敬请广大读者提出宝贵意见,以便我们在教学实践中进一步修订与完善。

目 录
CONTENTS

第三单元　藏风回尘

——甘肃华夏文明的失落与随转（宋元明清）

第四单元　船在彼岸

——甘肃华夏文明的嬗变与新生（晚清以来）

第一单元

天倾西北

——甘肃华夏文明的崛起与东移（先秦）

第 1 课　东来西去到兰州

　　思考提示：甘肃省位于黄河上游，狭长的地域和独特的地理位置，使其自古以来就是东西文化交流的通道。陇西、张掖、兰州等城市在甘肃历史的发展过程中发挥了独特的作用。东来西去到兰州，省会历史文化的源头性、过渡性、多元性是甘肃华夏文明的起源和繁荣发展的见证和标志。

甘肃历史简况

　　甘肃，古属雍州范围，春秋战国时期，甘肃东部地区被秦国控制。汉武帝拓边，设张掖、酒泉、敦煌、武威四郡，后又增设武都郡和金城郡。西魏废帝三年（554）改称张掖为甘州，这是甘肃省名缘起之始点；隋初酒泉置肃州，取"肃靖宁边"之意，这是甘肃省名的另一源头。甘肃一名始于11世纪，取名甘州（张掖）、肃州（酒泉）二地的首字而成。唐代曾在此设置陇右道；宋时分属宋、西夏、金所有；元代始设甘肃行中书省；明代属陕西行都指挥使司；清代康熙初甘肃始复为省，辖今甘肃、宁夏、新疆、青海部分地区。

甘肃地图

从陇西到张掖

古郡陇西历史悠久、文化丰富，为华夏古老文明的发祥地之一，在历史上具有举足轻重的地位。陇西郡是甘肃最早的行政建制。《后汉书·西羌传》记载，周赧王四十三年（前272），秦灭义渠国，于其地置陇西郡（郡治在狄道，今甘肃临洮南）、北地郡二郡。秦统一中国后，实行郡县制，分全国为三十六郡，仍置陇西郡。汉兴，实行州、郡、县三级制。《汉书·高帝纪》载"高祖二年，设陇西郡，郡治狄道"，后属凉州刺史部辖领。西汉王朝在陇西郡的统治正式建立。西汉前期，陇西郡以军事防御为主，北拒匈奴，西抗羌戎。汉武帝时，张骞凿空，开通丝绸之路，陇西郡作为丝绸之路上的重要商埠，开始成为中原和西域民族融合、经济交流、文化交汇的据点之一，为西汉与世界的交流提供了场所。东汉陇西郡，治所狄道。三国时期属于魏国，魏国初设置秦州，属秦州，后秦州并入雍州，属雍州，郡治迁至襄武县（今陇西东南），辖地县数目减少。隋朝复置陇西郡，治襄武县（今陇西东南）。唐朝武德元年（618）废郡改置渭州；天宝元年（742）改渭州又为陇西郡，仍治襄武县；乾元元年（758），唐朝最终改陇西郡为渭州。北宋渭州（陇西郡）置平凉军节度，后升为节度。北宋灭亡后，秦陇地区在金朝统治之下，置巩昌府（治今甘肃陇西）。元朝改巩昌府为总帅府，统领二十七州。明洪武二年（1369），罢巩昌故元总帅府，置巩昌府，直隶陕西行省，府治陇西。清代设巩昌布政史、按察使、巩昌知府等，均驻陇西。甘肃巡抚也曾一度驻节于此。

陇西地处甘肃东南部，居陇山西侧，处渭河上游。因其位置处于陇山以西，故名陇西。陇西东境有形势险要的古峡。西边是群山岭峻的首阳旧县，南倚天险石门，北绕战国秦长城，自古为"四塞之国""巩昌雄镇"。

陇西堂

3

张掖取"断匈奴之臂，张中国之掖"之意。"张"，举起；"掖"，同"腋"，腋窝。意思是兴起强有力的臂膀，捍卫皇权所在的关中。霍去病击败匈奴后，西汉于公元前111年设立了张掖郡。

张掖木塔

张掖是古"丝绸之路"重镇，素有"金张掖"的美誉。汉武帝公元前111年设张掖郡；北魏孝明帝正光五年，置西凉州，领张掖等七郡；西魏废帝三年，改西凉州为甘州，领张掖、酒泉二郡，始有甘州之称；十六国时期为北凉国都。隋改张掖县，公元609年隋炀帝于此举办了万国博览会。唐安史之乱后被吐蕃所占，公元852年为张议潮收复。五代时为回鹘所占。元朝时，张掖为

张掖马可·波罗街

甘肃行省省会，马可·波罗在此逗留了一年。明初，朱元璋封自己的第十四子朱楧为肃王，食邑西北军事重镇甘州。洪武二十六年（1393），陕西行都司由庄浪卫徙置甘州，甘州军事建置也进行了调整。洪武二十八年（1395），朱楧"始就藩"甘州。甘州肃王府址在今张掖市，东至县府街，西至劳动街，南至青年西街，北至人民西街。这一带旧称王府街，今张掖中学第二部就是当年肃王府的一部分。清朝初年，一切行政建制悉仿明制。顺治二年（1645），设甘肃巡抚，驻甘州卫，张掖为甘州府治所，甘肃提督统军驻地，节制凉州、肃州、西宁、宁夏四镇总兵。康熙四年（1665），裁宁夏巡抚；康熙五年，甘肃巡抚移驻兰州，为甘宁巡抚。

中华人民共和国成立后，置张掖分区，张掖县为治所；1985年，撤销张掖县，成立县级张掖市。2002年6月，撤销县级张掖市，设立甘州区。甘州自汉唐以来即为西北地区的政治、经济、文化中心。1986年，被国务院公布为全国历史文化名城。

兰州的历史改革

兰州位于中国陆域版图的几何中心，北通蒙新，西入青藏，东连陕洛，南下川康，不仅为甘肃全省的总枢，也是西北政治、军事、经济的中心与中亚细亚交通的枢纽。

兰州肃王府

秦始皇三十三年（前214），秦国在今榆中设榆中县，为兰州最早之行政建制。西汉昭帝始元年间，先后在此设金城县、金城郡，兰州始有"金城"古称。东晋太元十年（385），鲜卑族乞伏氏在兰州建立西秦国。隋文帝开皇元年（581）置兰州总管府，遂有"兰州"之名沿称于今。明朝建文元年（1399）肃王府由甘州迁兰州（今城关区中央广场甘肃省人民政府驻地）。此后，历代肃王皆坐镇兰州，直到明朝灭亡。历代肃王笃信宗教，积极营建与修缮寺庙道观，如兰州的金天观、玄妙观、普照寺、华林寺、白衣寺、迪庆寺等寺观都有甘肃藩王出资修造的事例。

乾隆三年（1738），临洮府治由狄道移至兰州，改称兰州府，又改州为皋兰县。当时兰州府辖管狄道、河州二州；皋兰、金县、渭源、靖远四县。乾隆二十九年（1764）陕甘总督衙门自西安移驻兰州，裁减甘肃巡抚。清康熙五年（1666），陕甘分治，甘肃巡抚自凉州移驻兰州，兰州成为甘肃省会。此后，兰州一直为甘肃的政治中心。辛亥革命后，废府（州）设道，并兰山、巩昌二府为兰山道，1927年，改道为区，变兰山道为兰山区。1941年7月1日，将皋兰县城郊划出，新设置兰州市。1949年8月26日，兰州解放。从此，兰州进入了一个新的历史时期。中华人民共和国成立以来，兰州市建置曾几度变更。兰州市现辖城关、七里河、安宁、西固、红古五个区和榆中、皋兰、永登三个县。

肃王府于1927年改为省政府，1941年辟为广场。1949年，原王府的中心部分成为甘肃省人民政府和兰州市人民政府驻地。

相关链接

2012年8月，兰州新区获得国务院批复，正式成为继上海浦东新区、天津滨海新区、重庆两江新区和浙江舟山群岛新区之后的第五个国家级新区。

兰州新区位于兰州市北部秦王川盆地，地处兰州、西宁、银川三个省会城市共生带的中间位置，是国家规划建设的综合交通枢纽，也是甘肃与国内、国际交流的重要窗口。

兰州新区的发展目标为产业强城、生态绿城、多湖水城、现代新城、使兰州新区成为国家战略实施的重要平台，西部区域复兴的重要增长极，兰州城市拓展的重要空间。

活动建议

（1）讲一讲甘肃省会城市的变迁。

（2）到兰州新区实地考察，为新区发展建言献策。

第2课　伏羲、女娲与大地湾文化

思考提示： 知道伏羲吗？读过女娲补天的神话吗？大地湾彩陶有什么特点？大地湾文化与伏羲女娲文明之间有何联系？

伏羲与女娲

天水得名于"天河注水"的美丽传说。天水古代称为上邽，远在三千多年前，天水地区人口稠密，屋宇毗连，山水灵秀，林木茂密。秦末汉初，长期的征战加上干旱，民不聊生。一天夜里，忽然狂风呼啸，雷电交加，一道金光闪耀，地上现出红光。顿时，大地连续震动，在轰隆隆的巨响声中，裂开

天水伏羲庙

一条大缝。只见天上河水倾泻而下，注入裂开的大缝中，形成一湖，名曰"天水湖"。此湖水位稳定，水质纯净，甘冽醇厚，"春不涸，夏不溢，四季滢然"。人说这湖与天河相通，又叫它"天水井"。后来，这个传说被汉武帝听到了，他就在上邽北城的湖旁新设了一个郡，起名"天水郡"。从此，有了"天水"之名。

天水历史悠久，是我国古代文明的发祥地之一，古老的伏羲画卦和女娲补天的传说故事就源于这片古老的土地。

2016年甘肃省公祭中华人文始祖太昊伏羲

伏羲，又称太昊，是三皇之首，百王之先。他和女娲同是中华民族的人文始祖。传说伏羲生于陇西成纪（今甘肃天水）。伏羲降生之前，经过三皇的辛勤努力，中华文明有了很大的进步，但人们的生活依然艰难，苦难的时代亟需英雄人物横空出世。相传华胥氏外出，在雷泽中无意中看到一个特大的脚印，好奇的华胥用她的脚丈量了足迹，不知不觉感应受孕，生下人首蛇身的伏羲。伏羲坐于方坛之上，听八风之气，乃做八卦。八卦衍生《易经》，开华夏文明之先河。这是中国最早的计数文字，是中国古文字的发端，结束了结绳记事的历史。八卦后来被星象学家用来占卜。伏羲还创造历法，教民渔猎，驯养家畜，订婚嫁仪式，始造书契，发明陶埙、琴瑟乐器，任命官员。

根据传说，女娲亦为华胥氏所生，也是人首蛇身。伏羲和女娲既是兄妹，又为夫妻。根据《三皇本纪》记载，水神共工与火神祝融交战。共工被祝融打败，用头去撞西方世界的支柱不周山，导致天塌陷，天河之水注入人间。女娲不忍人类受灾，于是炼五色石补好天空，折神鳌之足撑四极，平洪水、杀猛兽，人类始得以安居。

天水大地湾文化

拨开传说故事的层层迷雾，可以清晰地看到在漫长的历史长河中，我们的祖先一步一步跨进文明的门槛，每一步都走得艰辛而坚实。在天水这片古老的土地上，丰富的传说因大地湾遗址的出土得到实物印证。在大地湾出土的彩陶上可以看到伏羲女娲时代的蛛丝马迹。现今，学术界普遍认定大地湾文化是伏羲女娲文明的延续和传承。

大地湾遗址位于天水市秦安县东北五营乡邵店村，距天水市102公里。为新石器早期及仰韶文化早、中、晚各期文化遗址，是全国重点文物保护单位。大地湾遗址从距今8000年一直延续到距今5000年，有3000年的文化延续。2006年，发掘工作的最新发掘研究成果显示，大地湾遗址的人类活动历史由距今8000年推前至距今6万年。大地湾遗址刷新了中国六项考古之最：中国最早的旱作农作物标本、中国最早的彩陶、中国文字最早的雏形、中国最早的宫殿式建筑、中国最早的"混凝土"地面、中国最早的绘画。

大地湾文化

马家窑遗址位于甘肃省临洮县洮河西岸的马家窑村麻峪沟口。1924年，安特生在甘肃临洮马家窑村发现一处远古文化遗址，定名为仰韶文化马家窑期，当地出土了大量的上古时代代表华夏文化的彩陶器皿。马家窑文化主要分布在甘肃中南部地区，以陇西黄土高原为中心，东起渭河上游，西到河西走廊和青海省东北部，北达宁夏回族自治区南部，南抵四川省北部。分布区内主要河流为黄河及其支流洮河、大夏河、湟水等。

马家窑旋纹尖底瓶

1996年，甘肃省临洮县成立了第一个民间专业研究马家窑文化的社会团体——临洮县马家窑文化研究会。2003年，临洮县马家窑文化研究会升格为甘肃省马家窑文化研究会。马家窑文化的研究活动以甘、青地区分布的大量的马家窑彩陶为得天独厚的研究基础，对彩陶纹饰图案进行了深入研究，把马家窑文化的研究向中华文明起源的多个领域拓展，从民族学、民俗学、哲学、艺术学、人类学、社会学等多个学科进行挖掘研究，以期找到人类至今关注的、期待解决的许多问题的文化源头。马家窑文化研究会的研究活动，填充了历史文化研究中对纹饰图案解读的学术空白。

八千年来，一代代天水人以其特有的勤劳和睿智，不断地开发轩辕故里的山河，创造着灿烂的古代文明。在改革开放的新时代，天水人在继承祖先原创精神的基础上一定会创造出更加辉煌灿烂的文明成果。

活动建议

（1）请你讲讲伏羲和女娲的故事。

（2）观看电视剧《伏羲女娲》。

（3）去甘肃省博物馆了解大地湾文化的有关内容。

第 3 课　马家窑文化和齐家文化

思考提示：你知道马家窑彩陶和齐家文化彩陶的时间与地理分布吗？两者与黄帝部落有何关系？彩陶符号为什么不是文字？

马家窑文化

马家窑文化是黄河上游新石器时代晚期文化，因最早发现于马家窑遗址而得名，年代距今约4000～5000年。马家窑遗址位于甘肃省临洮县洮河西岸的马家窑村麻峪沟口。1923—1924年，安特生在甘肃、青海一带调查，其助手们在1924年发现马家窑遗址并进行了发掘。

马家窑文化制陶业非常发达，其彩陶继承了仰韶文化庙底沟类型爽朗的风格，但表现更为精细，形成了绚丽典雅的艺术风格，比仰韶文化有进一步的发展，艺术成就达到了登峰造极的高度。陶器大多以泥条盘筑法成型，陶质呈橙黄色，器表打磨得非常细腻。许多马家窑文化遗存中，还发现有窑场和陶窑、颜料及研磨颜料的

马家窑彩陶

石板、调色陶碟等。马家窑文化的彩陶，早期以纯黑彩绘花纹为主，中期使用纯黑彩和黑、红二彩相间绘制花纹，晚期多以黑、红二彩并用绘制花纹。马家窑文化的制陶工艺已开始使用慢轮修坯，并利用转轮绘制同心圆纹、弦纹和平行线等纹饰，表现出了娴熟的绘画技巧。彩陶的大量生产，说明这一时期制陶的社会分工已经专业化，出现了专门的制陶工匠师。彩陶的发达是马家窑文化

显著的特点，在我国所发现的所有彩陶文化中，马家窑文化彩陶的比例是最高的，而且它的内彩也特别发达，图案的时代特点十分鲜明。

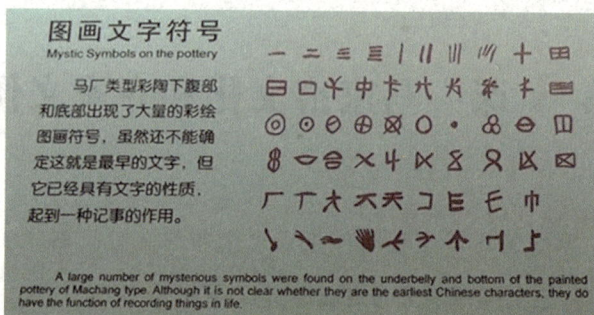

马家窑文化陶器上的符号

齐家文化

　　齐家文化是以中国甘肃为中心地区的新石器时代晚期文化，此时期已经进入铜石并用阶段，这一名称来自其主要遗址齐家坪遗址。齐家坪遗址于1924年由安特生发现。齐家文化的陶器以黄色陶器为主，且有刻创纹路，并常有绳纹。主要材质是泥质红陶和夹砂红褐陶，一些器物的表面施以白色陶衣。大量陶器是素面的。

　　有些罐类和三足器拍印篮纹和绳纹，也有少量彩陶，绘以菱形、网格、三角、水波和蝶形花纹，线条简化而流畅。器物造型以平底器为主，三足器和圈足器较少。典型器物有双耳罐、盘、鬲、盆、镂孔圈足豆等，其中以双大耳罐和高领双耳罐最富有特色。齐家文化的陶工还善于用黏土捏制各种人头造型和动物塑像，人头长颈圆颊，双眼仰望。动物有马、羊或狗等，形体小巧生动。还有一些陶制瓶和鼓形响铃，铃内装一个小石球，摇时叮当作响，是巧妙的工艺品。

齐家文化墓葬最新发现

齐家文化彩陶双大耳罐

　　图腾是原始人群体的亲属、祖先、保护神的标志和象征，是人类历史上最早的一种文化现象。华夏族图腾龙的形成经历了漫长的历史过程。当初，伏羲氏与蛇有密切的关系，因为伏羲本为人首蛇身，后来蛇成为炎黄部落的图腾。传说炎黄部落在连年的征伐中，每战胜一个部落，就将该部落的图腾添加在蛇图腾之上，最终以蛇身为主体，接上了兽类的四脚、马的毛、鬣的尾、鹿的角、鸡的爪及鱼的鳞和须。龙图腾的形成意味着以蛇为图腾的远古华夏氏族部落，不断战胜并融合其他氏族部落，蛇不断合并其他图腾逐渐演变为龙。

　　彩陶鼓于1986年出土于甘肃省兰州市永登县乐山坪，为新石器时代后期马家窑文化的文物，现收藏于中国国家博物馆。彩陶鼓呈漏斗形，粗端呈喇叭口状，口沿外侧分布一周鹰嘴形的倒钩；另一端形似罐状，口部朝向外侧，通过鼓身中部的圆筒与粗端的喇叭口相贯通。粗细两端对应位置各有一个扁桥形器耳，穿绳后可以携带和悬挂，也可以背挎在人身上进行表演。彩陶鼓属于单面鼓，使用时敲击粗端的皮革鼓面进行发声，罐形一端可起到共振扩音的作用，又能保持鼓身平衡，使鼓面始终处于适合敲击的状态。除了形式独特以外，陶鼓的器身还布满花纹，粗细两端均饰有多道平行的折线纹，鼓身中部饰色彩不同、间距不等的平行带状纹。陶鼓经过一代代华夏儿女的传承与发展，演变成各具特色的鼓乐体系。太平鼓的历史可以追溯到遥远的过去，兰州市博物馆收藏的兰州乐山坪出土的新石器时代马家窑文化彩陶鼓，史学界称其为鼓的鼻祖。它和今天的太平鼓外形颇为相似，两者之间可能存在某种历史的渊源。太平鼓鼓身以红色漆之，并绘有龙或者金狮子的图案，两端以牛皮制成鼓面，用八卦围绕太极图饰之。这一系列的制作方法充分说明擂起太平鼓而变八卦触阴阳，"仰则观象于天，俯则观法于地，观鸟兽之纹，兴地之宜，远取诸物"，表露出天、地、人、鼓合而为一的思想，成为太平鼓起始的"心象"特征。

从炎黄部落的连年征战中，从蛇到龙的图腾演变中，从彩陶鼓到太平鼓的传承中，我们可以看到华夏文明的和合精神。华夏文明在自我认同的基础上，融各种文化的精华于一体，吸收百家之长而成新我，这种和合精神静静地流淌在华夏儿女的血液里。甘肃是和合精神的发源地，甘肃儿女更应该成为这一精神的继承者和发扬者。

活动建议

（1）观看齐家文化系列微电影之《陶情》。

（2）观看电影《马家窑文化》。

（3）去甘肃省博物馆考察与马家窑文化和齐家文化相关的展品。

第 **4** 课　岐黄之道与崆峒广成子

　　思考提示：庆阳是上古名医黄帝和他的臣子岐伯的故里，岐伯与轩辕黄帝创造了中华民族的优秀传统文化——岐黄文化。你知道岐黄文化的核心吗？了解甘肃中医吗？

岐黄文化

　　岐黄指岐伯与黄帝。相传，黄帝和他的臣子岐伯都能治病，黄帝常与岐伯讨论医学，并以问答形式写成《黄帝内经》，其文简而意博，是我国现存最早的一部医学文献。因此，后世称中医学为岐黄之术，岐黄也被视为医家之祖。

岐伯与黄帝

　　岐伯与黄帝创立的岐黄文化是中华传统文化的重要组成部分，以阐述天道、地道、人道即生命之大道为内容，涉及中医药、天文、地理、历法、气象、数

15

道、哲学、生态、人类、社会、汉语、兵家、教育、音乐等十几个学科知识，是人类社会科学、自然科学的结晶。岐黄文化的核心是生命之道，精华是中医药文化，岐黄文化是中华民族优秀传统历史文化的主要渊源。"天覆地载，万物悉备，唯人为贵"，把人看成天地间最为贵重的生命存在，体现了以人为本的价值理念。"上穷天纪，下极地理，远取诸物，近取诸身"的思维方法具有无限的包容性和广泛的融合性。儒家文化的人本精神、道家文化的自然观念、宗教文化的修身养性等中国传统文化的基本观念都在岐黄文化中得到了充分的反映和体现。

相关链接

有关岐伯的历史遗迹

南原庙。《庆阳府志》卷十九《坛遗》："岐伯庙在南原，今废。"

嘉会门外庙。《庆阳县志》卷三《坛庙》："岐伯庙在县城嘉会门外。"

三圣庙。《庆阳府志》《乡哲》："岐伯、鞠陶、公刘三圣。"

药王洞。又名圃寒洞，曾塑有岐伯、张仲景、孙思邈像，亦称药王古洞。

岐伯洞。又称仙人洞，是岐伯舍仙果救老叟的传说故事之地。

崆峒山黄帝问道

崆峒山是道教名山，五千年前，这里发生过黄帝问道的故事。

黄帝是中华民族的共同祖先。姓公孙，也有人说他姓姬，名叫轩辕。他聪明异常，长大以后，因才华出众，被推举为部族首领。他教大家盖草房，驯养家畜，种植五

甘肃平凉崆峒山

谷，并创制了船和车。黄帝做了天子之后，为寻求治国安邦之道，曾"东至于海，登丸山，及岱宗。西至于空桐，登鸡头"。

黄帝问道

黄帝在崆峒山问道于广成子的故事，最早的记载是战国时代《庄子·在宥》篇："黄帝立为天子十九年，令行天下，闻广成子在于崆峒之上，故往见之。"广成子居崆峒山石室之中，黄帝闻而造访，说："我闻吾子达于至道，敢问至道之精。吾欲取天地之精，以佐五谷，以养民人。吾又欲官阴阳以遂群生，为之奈何？"广成子说："尔所欲问者，物之质也；而所欲官者，物之残也。"

"崆峒驾鹤游，鼎湖乘龙去。"是悬挂在甘肃省平凉市崆峒山管理所翰谱堂的一副书联。寥寥十字，暗含着黄帝问道广成子得道后乘龙上天的动人神话故事。

晋葛洪《抱朴子·登涉》记载："黄帝欲登圆丘，其地多大蛇，广成子教之佩雄黄，其蛇皆去。"

这一仙话异闻被美国人W.爱伯哈德拿了去，放在他编撰的《中国文化象征词典》中："黄帝部族发生了大瘟疫，听说广成子医道高明，前去讨教治疗瘟疫的办法，结果给治好了。"这一说法倒也符合唯物主义思想。在远古时期，广成子其人是巫师也是医生。黄帝也确实曾学医治病。《帝王世纪》记载："黄帝使岐伯尝味草木，典医疗疾。"

《黄帝问道》舞剧

岐黄中医学院

　　甘肃是中医药文化发祥地之一，中医药文化底蕴深厚，中药材资源和产量均位居全国前四位。甘肃已在乌克兰、吉尔吉斯、马达加斯加、俄罗斯、法国、匈牙利等国家建立岐黄中医学院，都是甘肃省中医药机构与国外中医教学临床机构合作共同成立的中医学院，致力于中医药的传播推广、教育培训、临床医疗等工作。岐黄中医学院也会像孔子学院一样在全世界推广，从而推动甘肃省中医药服务贸易、中医药文化推广、教育培训、人才培养国际化进程。

相关链接

岐黄中医药文化博物馆

　　2013年9月25日，岐黄中医药文化博物馆在甘肃庆阳市庆城县建成开馆，博物馆外型采用仿古建筑，呈"品"字形布局，分为展览区、体验区。全馆共分四层，展厅主要展示中华智慧的源头、《黄帝内经》的形成和各家学派与中医的关系、从商周到民国时期与中医药有关的文化场景及文物古籍、中药材标本，展出各种文物1800余件。

　　其中，《岐黄中医药历史文化千米画卷》，总长度1080米，寓意岐伯与黄帝论医的1080问答，由中书协、中美协的100多名理事、副会长以上的书画名家耗时近一年绘制完成，极富收藏价值。

活动建议

　　（1）搜集民间流传的关于岐伯的传说故事。

　　（2）观看电影《医祖岐伯》。

　　（3）去岐黄中医药文化博物馆考察。

第 5 课　舜窜三苗和禹出西羌

思考提示： 你知道三苗的起源和西迁吗？导河积石与大禹治水有什么联系？如何传承三苗和禹夏的迁徙文化和开拓精神？

舜窜三苗

原始社会晚期，舜继尧位，成为部落联盟首领。帝舜姓姚，名重华，因其曾为有虞氏首领，又称虞舜，相传是颛顼七世孙。三苗是神农氏的后裔，舜时期三苗部落联盟逐渐南移于江、汉一带，发展迅速，日益强大，常和舜领导的部落联盟发生冲突。舜为伐三苗，一面发展生产，巩固联盟内部团结；一面大习武事。经过三年准备，舜亲征三苗，一直打到今洞庭湖一带。但两大集团决定性的一仗是禹伐三苗。当时，三苗地区发生大地震，舜乘机发动大规模进攻。他在誓师动员时说："三苗不敬鬼神，滥用刑罚，违背天意作乱，上天现在号令我们对它进行讨伐。"交战开始，战斗十分激烈，互有胜负。突然，战场雷电交加，三苗领袖不幸被箭射中，苗师大乱，溃不成军。舜遂率本部落联盟进攻三苗。经过激烈作战，将三苗击败。从此，三苗部落逐渐衰亡。

舜耕田

敦煌古称"三危"。《都司志》载："三危为沙州望山，俗名羿雨山，在县城东南三十公里。三危耸峙，如危卵欲坠。故云。"至今敦煌市城东南有三个巍峨奇特的山峰，就是古代的三危。

三危山

《尚书·舜典》载"窜三苗于三危"，三苗成为敦煌历史上最早的居民。《史记·五帝篇》中也有记载，"三苗在江淮、荆州数为乱，于是舜归言于帝，迁三苗于三危，以变西戎"。舜曾经把三苗这一古代部族赶到这一带居住。"三危"后用来比喻流放犯人的偏远地方，今仍称三危山。在距今约四千年前的上古舜禹时期，敦煌地区就有人类的先民繁衍生息。

禹出西羌

姒禹，姓姒，名禹，又称戎禹、崇禹、伯禹、大禹，字文命，号高密，中华远古王族分封时代夏王朝的首任王。禹的先祖是炎帝魁隗氏六任帝姜共工，他的祖父是共工氏大酋长姜颛顼，父亲是共工氏最后一任首领崇伯鲧，他的母亲是尧帝姜密的表妹女志。许多先秦文献称禹为"夏禹"，称禹的部族为"夏后氏"或"有夏族"。禹是我国继炎、黄之后又一人文初祖，夏王朝的奠基者，同时

大禹

又是古代的治水英雄。大禹对中华民族的缔造与发展有着重大贡献。禹生于西羌，这在《史记·六国年表》《帝王世纪》《史记集解》《太平御览》等许多历史文献中都有记载。晋人转引《孟子》称："禹生石纽，西夷人也。"陆贾《新语》言："大禹出于西羌。"司马迁《史记》谓："禹兴于西羌。"《水经·沫水注》云："（广柔）县有石纽乡，禹所生也。今夷人共营之，地方百

里，不敢居牧。有罪逃野，捕之者不逼，能藏三年，不为人得，则共原之，言大禹之神所祜之也。"

大禹导河积石

据《尚书·禹贡》载大禹治水"浮于积石，至于龙门"，《史记·夏本纪》载"浮于积石，至于龙门、西河，会于渭汭""导河积石，至于龙门"。清梁份《秦边记略》云："盖黄河入中国，始于河州，禹之导河积石是也。"这些记载，虽是后人追述记载大禹的功

大禹治水的源头积石山

德，但应当是可信的，大禹治水最先从水患最烈的黄河开始，而治理黄河，先从黄河上游的积石开始，从此，大禹完成了惊天动地的治水事业，积石也以大禹导河的源头而名扬天下。大禹治水的积石山，指小积石山，系祁连山延伸部分，在临夏州西界中南段自南而北走向排列，南起土门关，北至黄河边，是积石山保安族东乡族撒拉族自治县的主要山脉。小积石山北端被黄河拦腰切断，形成一条长约25公里的峡谷，这条峡谷就叫积石峡，是黄河上游著名的峡谷，传说是大禹治水开凿而形成的。积石山不仅留下了许多大禹导河传说的遗迹，也形成了大禹导河积石的厚重文化底蕴，大禹精神更是中华民族传统文化和民族精神的化身，成为中华民族宝贵的文化和精神遗产。

相关链接

　　《禹贡》叙述禹在各地治水的起点、路线及所历山川时，涉甘地域之多也引人注目。如西倾、朱圉、鸟鼠、嶓冢、岷山、弱水、合黎、流沙、黑水、三危、南海、积石、漾水、泾水、黄河等，均在甘肃境内或延经甘境。

——《甘肃通史》

活动建议

（1）上网搜集舜、禹的相关资料。

（2）去积石峡考察大禹导河传说的遗迹。

（3）请你为临夏州和积石山县打造"大禹治水的源头"品牌出谋划策。

第 6 课 周秦先祖的西来东去

思考提示：群星灿烂的甘肃远古文化，衍生出许多经济、风俗和生活方式各不相同的古部落，周人和秦人就是对中国产生重要影响的两个部族，你知道周人和秦人吗？

周人的先祖

周人是甘肃古老的部落之一，据记载其祖先是帝喾的后裔，属于姬姓之族。从夏初以来，周人一直是夏王朝西部的一个方国。周人的先祖弃，曾定居于邰（陕西武功县，一说在今甘肃渭源县附近），种植百谷百蔬，发展农业生产，后人尊他为农神，曾经被尧举为"农师"，被舜命为后稷。后稷善于种植各种粮食作物，曾在尧舜时代当农官，教民耕种，被认为是开始种稷和麦的人。为缅怀后稷重视农业之遗风和为中华农业文明做出的开创性

后稷

努力，推动中国现代农业的发展，农高会设立的唯一奖项取名为后稷奖。

由于受到周围少数部族的骚扰，弃的儿子不窋率周人奔甘肃庆阳，教民稼穑，开创农耕文明的先河，改地穴为窑洞，大力改善居住条件，还建立部落政治中心不窋城，即今庆阳市，从商末建城算起，至今已有四千多年的历史。它不仅是庆阳地区最古老的城池，而且在西北各省也是最古老的城镇之一。经文物部门考证，不窋城确实是不窋来到庆阳以后修建的，后经历代府县官吏加

修改造，才形成现在的规模。它的修建，为周族政治中心的形成和以周族为中心的北豳（今甘肃庆城县）邦国的建立奠定了基础，使周族形成了统治阶层和管辖区域，标志着先周部落政治联合体的形成，在历史上这是周道之兴的一个重要因素。不窋是周人形成

甘肃庆阳周祖公园塑像

和发展历史上真正的先祖、先王。他不仅开创了庆阳农业的先河，更重要的是为全国以后发展农业保存了火种。没过多少代，随着周人的逐步南迁及西出岐山，农业又从庆阳走向黄河流域、走向全国。不窋死后，葬于庆阳县城东帽盒山巅。周族子孙和周王朝历代皇室对不窋陵墓每年一小祭，三年一大祭。

在庆阳城北关建有"周行宫"，供周王朝各代帝王祭祖时临时居住，后人称"皇城"。明嘉靖十九年（1540），庆阳知府何岩立碑，书"周祖不窋氏陵"，今墓址还在。明代著名诗人庆阳人李梦阳有诗句："庆阳亦是先王地，城对东山不窋坟。"

位于宁县城西庙嘴坪的不窋城是省级文物保护单位。今庆阳县城内也有多处周古迹遗存，像周祖花园，相传为周祖不窋植花之处；周祖庙，祀周祖不窋之庙，上有题字"肇周圣祖"及"帝系王风"；周旧邦木坊是县级文物保护单位。位于正宁县罗川城西门外的宋承天观碑也是省级文物保护单位。位于镇原县城西北30公里处的后稷台，相传为后稷教民稼穑处。

甘肃庆阳周祖陵

相关链接

周祖陵森林公园

位于甘肃省庆阳市庆城县城东山，因山顶有一座著名的墓冢——周先祖不窋陵而得名。1994年奠基兴工，2001年被评定为国家AA级旅游景点。庆城县是农耕文化的发祥地，早在夏太康年间，周先祖不窋就率族人徙居于此，拓荒垦田，教民稼穑，作屋筑室，以避寒暑，养蚕为丝，始代毛革，劈山通道，削土营城，务修礼乐，涤除陋俗，肇创华夏民族农耕文化，奠定了周王朝发祥的基础。周先祖不窋既殁，葬于庆城东山，历代建行宫、修庙堂，祭祀不断，被誉为"华夏周祖第一陵"。

秦人先祖

秦人是甘肃最古老的部落之一，《史记·秦本记》记载"女修织，玄鸟陨卵……生大业"，说的是从前有位名叫女修的姑娘，在织布的时候，看见一只燕子掉下一只燕蛋，女修将蛋捡起来吃了，于是就生下一个孩子，取名大业，他就是秦人的先祖。从传说中可以分析，从女修到大业，正好处在母系氏族向父系氏族的过渡时期，传说中的秦人先祖，是靠养马起家的。在象形文字中，秦字像是"手春禾"，秦主要活动在渭水流域，地气温润，适合农耕。由"秦"开始，人们开始过上一种半农半牧、半游半居式的生活。这种

秦是秦族的族称。它由"玄鸟殒卵""双手供奉"和"禾苗"三部分组成。它是"燕子殒卵"与嘉禾的复合图腾，秦人的祖先是有蟜氏之女华，她吞燕卵生伯益，伯益为秦人男性祖先。其女性祖先为有蟜氏之女华。

平衡发展，可能为后来秦人"农牧皆宜，文武兼备，东讨西征，所向无敌"打下了良好的精神和物质基础，毕竟，在冷兵器时代，纯农耕的文化在军事上、伦理上总是有种秀才遇兵——使不上劲的感觉。

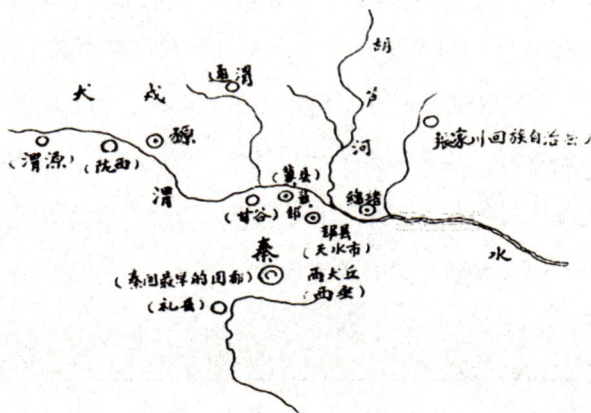

先秦时期秦（天水）示意图（局部）

从时间上看，秦崛起的时候，正是周兴旺发达的时候。平王东迁后，秦襄公因出兵护送有功，被周天子封为诸侯，赐之岐（陕西岐山东北）以西之地，正式建立了秦国。秦最初的领地在今天甘肃礼县一带（周人称之为西陲），秦人东周前历代王墓均在礼县。

活动建议

（1）观看纪录片《甘肃古事——千古遗恨秦公大墓》。

（2）去甘肃秦文化博物馆考察。

第 7 课　西王母与穆天子西行

思考提示：作为中国民俗文化的重要内容之一，西王母与穆天子"瑶池会"体现了哪些人文思想？除去神话传说和夸张的成分，"瑶池会"有哪些现实意义？

唐朝著名诗人李商隐有一首七言绝句《瑶池》："瑶池阿母绮窗开，黄竹歌声动地哀。八骏日行三万里，穆王何事不重来。"这首诗咏叹的是一个最富浪漫和神奇色彩的美丽故事，表现了西王母对周穆王的敬重爱慕之情。

穆天子就是周穆王，姓姬名满，公元前10世纪时曾乘八骏神车巡游，使中原和西域的联系日益密切。《穆天子传》中写道："乙丑，天子觞西王母于瑶池之上。"① 《史记·赵世家》云"穆王使造父御，西巡狩，见西王母，乐而忘归"，说的是穆王命御者造父，驾八骏之车，率六师之军，放辔西行，巡狩昆仑山，在西王母之邦与西王母饮宴歌舞于瑶池之畔的故事。

泾川西王母人面兽身

西王母与穆天子相会

27

古之西王母，是中国西部羌戎各民族处于母系社会阶段的女性首领。《山海经·大荒西经》中记载："西海之南，流沙之滨，赤水之后，黑水之前，有大山，名曰昆仑之丘。有神，人面虎身，有文有尾，皆白，处之。有人戴胜，虎齿，有豹尾，穴处，名曰西王母。"[②]西王母部族图腾为虎，中原民族图腾为龙，虎的传人西部游牧民族与龙的传人中原农耕民族共融为中华民族即龙的传人之后，西王母被龙的传人尊为中华人文先祖之一。但几千年流传下来的传说中，西王母是一个高傲、尊贵的美丽女神。

穆天子经宗周—河宗—西夏—河首—昆仑，行程约3400公里[③]，历经千辛万难终于到达"群玉之山"，进入"西王母之邦"。他和西王母相互赠送了礼物，西王母送给他"玄圭白璧"，穆天子送给西王母丝绸锦帛数百匹，"西王母再拜受之"，说明了西域氏族部落首领与西周王朝的宗主关系。

西王母采用了西域原始先民载歌载舞的特殊形式，表达了对周穆王的尊敬和爱慕。西王母深情地吟唱道："组彼西土，爰居其野。虎豹为群，乌鹊与处。嘉命不迁，我惟帝女。彼何世民，又将去子。吹笙鼓簧，中心翱翔。世民之子，惟天之望。"

瑶池会仙图

惜别之情，可以看出西王母无限伤感。周穆王郑重举酒，即席唱和："予归东土，和洽诸夏。万民平均，吾顾见汝。比及三年，将复而野。"可惜期满周穆王再没有能够来会西王母，只留下这两首千古传颂的佳句，给人无限遐想。

　　甘肃平凉泾川地区史前属"豳"地，泾川回山连着昆仑万山，故西王母文化又被称为昆仑文化。近数十年来，经张怀群④等一大批泾川本土民俗学家研究，国内外一致认为泾川是西王母的发祥地。泾川有始建于西汉元封年间的天下王母第一宫，是国内最早最大的西王母祖庙，与具有重大历史意义的中华人文先祖之一西王母的思想信仰有着十分重要的关系。

　　周穆王西狩与西王母昆仑之丘的深情吟唱，给中华大地文化史留下了光辉的一页。泾川大地上留下了李白、范仲淹、林则徐、于右任、张恨水等诗人的深情独吟。始于宋开宝元年（968）的农历三月二十的泾川西王母庙会，距今已有一千余届，是国内罕见的西王母民俗。其庙会规模之大、历史之久、

泾川西王母公祭

影响之远，在全国所有西王母庙会中可谓第一，独特、珍稀、悠久。泾川西王母圣地庙会和自然景观也吸引了无数海内外中华儿女踏上寻根、纪念之旅。西王母民俗文化作为甘肃非物质文化遗产的重要文化符号，也被一代代陇原儿女继承发扬。

活动建议

（1）查阅相关资料，试绘穆天子西行图。

（2）讲一讲西王母与穆天子"瑶池会"的神话故事。

注释

①《穆天子传》：又名《周王游行》，作者不详，约成书于战国时期，记载周穆王巡游之事。西晋时出土，经当时人整理分为5卷，今本将周穆王美人盛姬死事一卷并入，共6卷。《穆天子传》在文字上可能有些夸张，有些神话传说的内容杂入，但基本事实是可以肯定的。它对中国地理学的发展有较大影响，

在地理学史上有一席之地。

②《山海经》是先秦重要古籍，是一部富有神话色彩的最古老的地理书，全书共计18卷，包括《山经》5卷，《海经》8卷，《大荒经》5卷。主要记述古代地理、动物、植物、矿产、神话、巫术、宗教等，也包括古史、医药、民俗、民族等方面的内容。除此之外，《山海经》还记载了一些神话寓言故事，包括夸父逐日、女娲补天、精卫填海、大禹治水、共工撞天、后羿射九日等。《山海经》大约是从战国初年到汉代初年楚国和巴蜀地方的人所作，经西汉刘歆校书，才形成现在的书籍。

③按战国时的度量：一尺为23.1厘米，古人6尺为一步，300步为一里，一里约等于现在的416米，即0.42公里，所以穆天子的总行程合现在的3402公里。

④张怀群，甘肃泾川人，西北师范大学汉语言文字学研究生学历。平凉市人大常委会委员、泾川县人大常委会副主任。1979年至今已出版著作37部1000余万字，其中有关西王母祖祠圣地、大云寺佛祖舍利供养圣地、泾河百里石窟长廊、西王母民俗、西王母地望与人望、台湾泾川西王母朝圣之旅等文化遗产类论著和文学作品21部，600万字；编注集16部，458万字。海峡两岸西王母论坛西王母文化研究首席专家。获得海峡两岸西王母论坛西王母文化研究终身成就奖。

第 8 课　老子西行与孔门三弟子

思考提示：作为历史文化名人老子，他的一生充满了传奇，即便是司马迁写的《史记·老子韩非列传》也是传说多，写实少。关于老子最后的去向，有多种说法。老子骑青牛西出函谷关，究竟去了哪里呢？

老子西行

《史记·老子韩非列传》记载，老子"居周久之，见周之衰，乃遂去。至关，关令尹喜曰：'子将隐矣，强为我著书。'于是，老子乃著书上下篇，言道德之意，五千余言。而去，莫知其所终"。

故此，后人有"老子西出函谷关，而不知其踪"的说法。那么，老子西出函谷关去了哪里？做了些什么事情呢？

天水柏林观内的《老子八十一化图》（局部）

《后汉书·襄楷传》的记载给人们留下了探迹线索和依据。书中云："延

31

熹九年，楷自家诣阙，上疏曰：'……闻宫中立黄老浮屠之祠……或言老子入狄为浮屠。'"浮屠，又作"浮图""佛图"，是梵文的译音，一指"佛陀"，即"佛"，又指佛塔。这里显然是说老子入夷狄而成佛了。三国时期魏国的鱼豢《魏略·西戎传》说，《浮屠》所载，与中国《老子经》相出入。盖以老子西出关，过西域之天竺，教胡。浮屠属老子弟子别号，合二十九，不能详载，故略之如此。西晋时，道士王浮进一步发展此说，写成《老子化胡经》，老子遂化为摩尼。经宋真宗提倡，将摩尼的重要经典编入官方的《道藏》，流传至今。

据传说，老子56岁那年，辞官不做，告老还家。一天，他骑上青牛，离别家乡，一直往西，准备到秦国讲学。要去秦国，必经函谷。这函谷关，在河南宝灵县，地势险要，岭峻山高，城池威风。谷关令尹喜，夜观天象，见紫气横空，知道必有贵人来临，就派人四下打听，看近来有谁要来函谷。不

永登香炉山老子圣像

久就打听到了老子弃官西游，将要赴秦讲学，从函谷关路过。于是，令尹喜就派人严密把守函谷关，下令将吊桥竖起，并且嘱咐：如若发现老子，好生留着不能让他走了，请他住一段时间，写一部书，一来可以修身齐家，治国安邦；二来可以流传后世，教化子孙。这天，把守函谷关的下人因有急事，暂时离开。忽然风送异香，霞光升起，老子骑着青牛徐徐而来。来到城壕外边，见吊桥高竖，无法通过，老子心急如焚。青牛善知主人心意，看到此种情况，两眼一瞪，尾巴一拧，四蹄顿生紫云，驮主人腾空而起。牛身下云朵涌动，错落连环，自东往西，越伸越长，霎时在函谷关上空仿佛搭起一座紫色的"天桥"。老子就这样过了函谷关。青牛落到地上，驮着主人，继续西行。

老子出函谷关后，一路西行，经陇山渡黄河，来到了陇上，驻足永登，短暂休整，准备继续西行。因为，出了永登再向西行就进入祁连山，那里气候变化多端，冷暖无定，道路崎岖，风沙弥漫。一般的旅行者都要在这里休整，充

填给养。

当地百姓早已仰慕老子盛名，知道他生性善良，慈爱百姓，道高德崇，学问渊深，能知天上阴阳、人间祸福，懂得世间万物既对峙又和合，发展变化无不循道而行的"道"，是个非常有智慧的人物。于是，他们盛情招待老子，想尽办法挽留老子。老子喜爱百姓们的质朴厚道，也忘记了行程。一面在当地布道教化，广施恩泽；一面在香炉山炼丹静修。一日，突然天空一道紫光划过，顿时霞光万道，香气四溢，老子在香炉山羽化登仙，飘然不知所终。庄浪河边喝水吃草的青牛腾空飞起，化成一座山峰，这就是现在香炉山前的青牛山，而老子炼丹的丹炉就化作了高耸入云的香炉山。

现今的香炉山，前山为青色的岩石，后山为紫红色霞地岩，也正好暗合了青牛坐化和老子炼丹的传说。

人们为了纪念老子，就于香炉山主峰岩石上，凿洞雕琢"老君像"。于是，老君洞前，香炉林立，香客熙攘，顶礼膜拜，一年四季，香烟氤氲而不绝。灵秀巍峨的香炉山，遂成为永登一带的仙山道地。

"道院有尘清风扫，山门无锁白云封""楼山嵯峨，胜迹不减五岳；祥云缥缈，灵感素著十方"……这些香炉山建筑上的楹联，以及山上现有的老聃洞、万寿仙山古洞、梨山老母洞等，都是历代陇人尊奉老子，崇尚道教思想浓厚民风的遗迹。

孔子门三弟子

石作蜀、壤驷赤与秦祖号称"陇上儒学贤"。在山东曲阜孔庙大成殿下两廊中，三位先贤的塑像一直奉祀其中，后来在"文化大革命"期间遭到损毁。天水市中华西路小学曾是秦州旧时的文庙。《秦州志》载："文庙在城内西南隅，上为大成殿，左为崇圣宫，台下东西两庑各九间。前为戟门，门外左名宦祠，右乡贤祠……相传元大德六年（1302）教谕梁公弼始建……乡贤祠内有三位夫子的祀像。"

石作蜀画像

石作蜀，字子明，号卓子，冀（今天水市甘谷县十里铺乡）人。生于周敬王元年（前519），殁于周敬王四十七年（前479）。自幼胸怀远志，聪颖敏学，仰慕孔子。成年后，不远万里徒步东鲁，投身孔门，得圣人教育和熏陶，身通六艺，为孔门"七十二贤人"之一。

石作蜀学成返乡后大力宣扬儒家学说，传播西周文化，敦教化，移风俗，为三陇一带的文教事业做出了重要的贡献，后人尊称"石夫子"。可惜，石夫子生平和著述由于年代久远，早已湮没无存。《伏羌志》（甘谷旧称"伏羌"）载："（石子）唐封石邑伯，宋封成纪侯，明去封号，称先贤。从祀孔庙。"宋代封侯时，有皇帝敕撰赞：

宣尼日月，无得而逾，奥有哲士，尚为学徒，

登封偶圣，至德崇儒，以地进爵，斯文乃殊。

石夫子故里今天水市甘谷县十里铺乡原有石子墓和石子祠，现均已荒芜。道光年间吴柳堂任伏羌教谕，曾撰《石子墓记》，并有墓联、祠联各一。

墓联：

梓里访遗踪，看空庭草碧，冢荒花殷，何处是唐封宋赞？

杏坛亲教泽，听渭水莺啼，陇山鸟语，此中有化雨春风。

祠联：

共仰孔门高，问颜曾七十之徒，何处更多佳士？

休言秦俗悍，除邹鲁三千而外，此地大有传人。

壤驷（sì）赤，姓壤驷，名赤，字子徒，上邽人（今甘肃天水），孔子入室弟子，孔门"七十二贤人"之一。长于读书。《家教·弟子解》作"壤驷赤，字子从"。唐代封为"北征伯"；宋朝封为"上邽侯"；明嘉改封为"先贤壤子"；清又改称

壤驷赤画像

为"壤驷子"。秦州文庙设壤驷赤祠，祠联曰："任人间倒海翻江，逐宇宙新潮，正学莫忘宣圣统；愿我辈模山范水，赴春秋佳日，大家来拜上邽侯。"

秦祖，字子南，东周上邽人（今甘肃天水市秦州区），与颜、留、闵诸贤同为孔子入室弟子，他是孔子"七十二贤人"之一，身通六艺。唐封少梁伯，宋为鄄城侯。秦州文庙设秦祖祠，祠联曰："圣绩怙行，眺百二河山，不碍春风时雨至；儒宗传学，数三千弟子，谁携关月陇云来。"

秦祖

活动建议

（1）搜集有关老子西行的传说。

（2）去甘谷县石作蜀纪念馆考察。

第 9 课 秦霸陇蜀与氐羌西退南迁

思考提示：秦人沿渭河西上和溯洮河南下，置邽、冀二县和陇西、北地二郡，秦的崛起与氐羌西退南迁有何关系？你知道滇西民族的甘青起源吗？知道费孝通"藏彝走廊"及其意义吗？

秦霸陇蜀

"秦"字在象形文字中像春禾，秦地气候温润，土地肥沃，适宜农业生产。秦人定居在这里，在游牧业经济的基础上，发展了农业生产。

文侯勒王

公元前770年，周平王东迁洛邑（今河南洛阳），秦襄公以兵护送有功，平王封襄公为诸侯，襄公从西戎手中收复岐周地区，平王赐之岐以西之地，秦始建国，即被戎人和狄人占领的原周朝在陕西的领地，至公元前750年（周平王二十一年），秦文公击败西

秦开西戎

戎，"于是收周余民有之，地至岐，岐以东献之周"。实际上岐以东仍为诸戎所占据。秦又经过几十年与诸戎的斗争，至秦武公灭戎人彭戏和小虢，于是东至华山。公元前677年（周僖王五年），秦德公迁居雍（今陕西凤翔），秦国在雍建都近300年。雍城今发掘有宫殿区、居住区、士大夫与国人墓葬区和秦公陵园。秦国从襄公受周王之命从西戎手中收复岐周镐京地区，到秦昭王灭义渠戎，在陇山地区及陇以西今甘肃东部原为诸戎分布之区均已设立郡县，前后经历了5个世纪。在这5个世纪中，秦族自身完成了由西戎而华化的过程，并奠定了统一诸夏的基业，秦国郡县以内原有的诸戎也都华化，成为华夏民族的一部分。今甘青川西北的氐羌族群，同在战国逐渐强大。从秦襄公至秦武公将近百年，主要精力放在收复汧陇（qiān lǒng，汧水陇山地带）以东、华山以西的平原地区，也已开始了兼并陇山地区诸戎的尝试。公元前688年，即秦武公十年，"伐邽、冀之戎，初县之"。这是秦国设县的最早记录，也是春秋时期最早的设县记录之一。秦邽县，西汉改为上邽县，属陇西郡，应劭说："即邽戎邑也。"故址在今甘肃天水西南，冀县在汉代属天水郡，故地在今天水西北甘谷县。

相关链接

战国时期秦与陇山东西两侧诸戎关系大事表：

公元前470年（周元王六年，秦厉共公六年），义渠来赂，绵诸乞援。

公元前461年（周贞定王八年，秦厉共公十六年），秦灭大荔，有其地。

公元前457年（周贞定王十二年，秦厉共公二十年），公将师与绵诸战。

公元前444年（周贞定王二十五年，秦厉共公三十三年），伐义渠，虏其王。

公元前430年（周考王十三年，秦躁公十三年），义渠伐秦，侵至渭阳。

公元前395年（周安王七年，秦惠公五年），伐繇［绵］诸。

公元前361年（周显王八年，秦孝公元年），出兵，西斩戎之獂王。

公元前331年（周显王三十八年，秦惠文王七年），义渠内乱，庶长操将兵定之。

公元前327年（周显王四十二年，秦惠文王十一年），秦取义渠地，置县，义渠王臣于秦。

公元前320年（周靓王元年，秦惠文王更元五年），秦王北游戎地，至河上。

公元前317年（周靓王四年，秦惠文王更元八年），义渠败秦于李伯。

公元前314年（周赧王元年，秦惠文王更元十一年），侵义渠，取其二十五城。

公元前272年（周赧王四十三年，秦昭王三十五年），秦宣太后诱杀义渠王于甘泉，起兵灭义渠。

氐羌西退南迁

氐羌在古代统称西戎，源于黄河中上游的仰韶文化。甘、青高原是氐羌人的发源地。整个周代，由于各种原因，氐、羌的迁徙、移动极为活跃，东进的氐、羌人不断地为晋、楚、魏、秦等国所统治而逐渐华夏化。居于较西的"西戎八国"也不断地为秦所融合，"秦开西戎"使得他们迁徙到更远的西南地区。据《后汉书·西羌传》记载，公元前5世纪，也就是春秋战国时期，一名在秦国做奴隶的羌人无弋爰剑从秦国逃脱西奔，途中藏入山洞，追逃的秦兵便纵火烧洞，恰有一猛虎状的动物也在山洞中。秦兵焚烧，激怒猛虎，猛虎扑出洞口。秦兵见状，仓皇逃遁。无弋爰剑幸免于难。无弋爰剑逃出洞后，忍受饥饿干渴，继续向西行，在山腰间遇到一位被割掉鼻子的羌族女子，与其结为夫妻，相依为伴，继续西行，最终到达河湟地区。当地羌人见无弋爰剑到来，且有猛虎护身，焚而不死的经历，都十分敬畏，共同拥戴他为首领。他教授羌人从事农耕和畜牧，形成部落首领传袭的制度，促进了羌族人口的增长和部族的团结。羌人的后裔繁衍强盛，由于受不断扩张的强秦的挤压，他们分别向西、西南、南、东南迁徙，发展成以武都羌、广汉羌和越巂羌为核心的多支羌人部族。

藏彝走廊

　　"藏彝走廊"是已故的著名民族学家、社会学家费孝通先生首先提出的一个学术概念，而这一学术概念又是与他提出的民族走廊学说和中华民族多元一体格局理念息息相关的。主要指今四川、云南、西藏三省（区）毗邻地区由一系列南北走向的山系与河流所构成的高山峡谷区域，亦即地理学上的横断山脉地区。从西北进入西南的氐羌民族，在秦汉时期开始与当地土著融合，于是有了秦汉时期由氐羌民族群体分化出来的昆明族、叟人、僰人、摩沙人、白马羌、牦牛羌、参狼羌、青衣羌、冉駹、白狼、槃木、唐菆、徙、筰都、邛都、和夷、丹、犁等及与氐、羌关系密切的賨人或板楯蛮。以游牧生产方式为基层文化核心的古代氐羌民族在新石器时代晚期顺着发源于青藏高原的大江大河（民族迁徙的走廊）进入西南，由于复杂的地理环境，进入西南的氐、羌民族开始产生差异性，向着不同的民族方向发展，这时他们首次出现了同源异流的情况，但民族群体之间的亲缘关系仍然保留较多，即司马迁所说的"皆氐类也"。

　　在这条走廊峰峦重叠、河谷深邃的群山峡谷中，不仅居住着若干少数民族，而且至今还保存着即将消失的被某一民族语言淹没的许多基层语言，同时还积淀着许多至今还起作用的历史文化遗存，这保留在他们的信仰、文艺、风俗、习惯等诸多方面。从石器

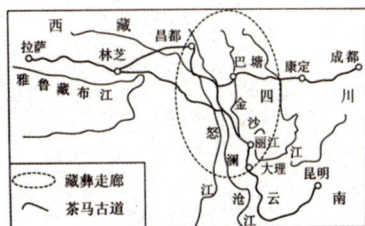

藏彝走廊

时代起直至现在，众多民族都在此留下了自己活动的实物证据，其内容之丰富丝毫不亚于中原地区。这些宝贵资料，对于研究中华民族的形成与发展，我国西南地区乃至中南半岛各民族的起源与迁徙、融合与分化，以及各民族的历

史、语言、社会、经济、宗教、文化诸方面均具有极大的科学价值。而这一研究同时对于我国边防的巩固、边区的开发、民族团结的增进和实现当地的社会主义现代化，亦均具有重大的现实意义。

活动建议

（1）讲一讲秦霸陇蜀的故事。

（2）观看影片《大秦帝国之崛起》。

第二单元

天马西来

——甘肃华夏文明的西传与纳新

（秦汉隋唐）

第 10 课　甘肃的长城与草原

思考提示：长城是人类社会现存最为宏伟的文化遗产之一，承载着厚重的历史文明。草原文化是具有浓厚地域特色和民族特征的一种复合性文化，是中华文明的主要起源与组成部分之一。甘肃长城文化积淀深厚。甘肃有中国最美六大草原之一。

甘肃长城

甘肃长城景观

长城是中国也是世界上修建时间最长、工程量最大的一项古代防御工程。自公元前七八世纪开始，延续不断修筑了2000多年，分布于中国北部和中部的广大土地上，总计长度达50 000多公里，"上下两千多年，纵横十万余里"。甘肃境内的长城分布广泛，年代久远，蔚为大观。秦、汉、明三代万里长城的西端都在甘肃境内——临洮、敦煌、嘉峪关，总里程达4000公里，占总长的四分之一。最具沧桑感的长城景观遍布甘肃，甘肃长城文化丰厚。

一、秦长城

公元前279年，秦国"筑长城以拒胡"，自临洮县北向东，修筑长城，经甘肃渭源、陇西、静宁，宁夏固原，甘肃镇原、华池等，入陕西吴旗县，全长80公里，遗迹现在仍能看到。其中的陇东秦长城，由宁夏彭阳入甘肃镇原，取向东北，经白草山、环县、华池等，入陕西吴起县境，在陇东段总长160公里。如今白草山至米岔原、营盘山至城梁盖等几段保存较好。静宁县境的秦长城长60

甘肃省临洮县古树湾的秦长城遗址，城墙的顶部已经被当地人踩出一条小路，城墙周围是成片的农田。

公里，残迹可觅。通渭县境的秦长城，在四落坪至岔口下段保存较好，蜿蜒起伏，可见墩台遗迹。陇西县境北部的秦长城遗迹较清晰，多坍塌成土垄状。临洮城北15公里洮河西岸的三十里墩，向南经傅家北坪、万长岭、长城岭等地，大部分地段残迹清晰，尤以万长岭至长城岭一段保存最好，恰似一条巨龙，越岭跨沟，气势壮阔。秦国在甘肃境内的长城修筑于秦昭襄王时期（前306—250），秦始皇消灭六国后，连接各诸侯国之间的城墙，修筑了西起甘肃临洮、东至辽东防御匈奴的万里长城。

过去学术界对长城西端的临洮存在疑问。临洮是古称，指现在的岷县。而现在的临洮古称狄道。那么到底在哪儿呢？岷县一直没有找到长城的遗迹，而考古工作者却在临洮县新添乡三十里墩的杀王坡发现秦长城。经过多年考证，考古界确认现在的临洮县是秦长城西端的起点，古代文献资料所载的"临洮""辽东"应该都是泛指，临近洮河的意思。

秦万里长城西起临洮境，沿洮河而北，入今兰州境与榆中长城相接，再向北，一直出甘肃，过宁夏，入内蒙古，到辽东。

二、汉长城

汉长城，其实准确的称谓应叫汉塞。因为它不仅仅是一堵墙，而是因地制宜构建的一系列完备的军事防御体系。甘肃境内的汉长城，建于汉武帝时，为防御匈奴，"汉始筑令居塞以西"，即指修河西地区汉长城。令居塞是汉武帝时在黄河以西修筑的第一个要塞，汉长城就从这里起步。西汉元狩二年（前121），汉武帝遣骠骑将军霍去病两次在河西反击匈奴。随即，在先零羌的游牧地修筑了令居塞。今天永登的罗城滩村，就是当年的令居塞遗址。甘肃境内的汉长城现存遗迹主要有两条：一条自永登起，沿庄浪河向北，又经古浪、山丹、高台、酒泉等，在金塔与前一条衔接。另一条东起居延，沿黑河向西南行，经金塔入高台，这条干线的另一段自金塔县境入玉门市境，经安西、敦煌，至玉门关以西榆树泉止。

甘肃的汉塞最有特色，汉长城"因地制宜"的特点十分突出。汉塞更为重要的意义在于，它不单纯是军事防御工事，也是为了

2014年，小方盘城作为西汉的玉门关遗址被列入《世界文化遗产名录》。西汉玉门关修建在疏勒河河畔，当时其实是建在一块沼泽地中的高台上。在20世纪初，曾有外国探险家坐船在玉门关周围考察，茂密的芦苇丛将他们的小船遮蔽得严严实实。玉门关关址的变迁至今是一道学术上争论不休的难题。

阳关是汉武帝在河西走廊设置的四关之一。如果说"春风不度玉门关"给人一种绝望的悲情，那么"西出阳关无故人"给人的则是关爱与温情。敦煌西南的古董滩边有一座残破的烽火台，这个烽火台号称"阳关耳目"，也就是说，"阳关"并不在这里。那么真正的阳关应该在什么地方呢？

彻底消除匈奴威胁而建立的主动进攻的战斗堡垒。有长城就必有关隘。汉武帝元鼎六年（公元前111年）后，西汉王朝在河西走廊设四郡，列四关，四郡为张掖、酒泉、敦煌、武威，四关则是玉门关、阳关、悬索关、肩水金关。甘肃境内汉长城有两大名关，即阳关和玉门关。汉塞历经两千年沧桑，被风沙掩埋。如今汉塞只剩残垣断壁，站在这里，风沙扑面，落日夕照，会是怎样的感觉呢？"秦时明月汉时关"该是多么鼓舞人思绪的年代啊。

三、明长城

甘肃境内的明长城建于明中叶，由嘉峪关起，主干线向东，再沿黑河东岸穿越高台、张掖、永昌，到开威黄羊镇分为两条：一条向东南，经景泰、靖远，进入宁夏；另一条过乌鞘岭，经兰州、靖远，进入宁夏。最有名的是嘉峪关，它是明万里长城西端点。嘉峪关建在地势最高的嘉峪山上，城关两翼的城墙横穿沙漠和戈壁，向北8公里连黑山悬壁长城，向南7公里，接天下第一墩，是现代万里长城西端主宰，自古为河西第一隘口。嘉峪关是长城上最大的关隘，也是中国规模最大的关隘。

嘉峪关城建于1372年，于1395年重修。占地面积33 500平方米，三城楼东西连成一线。城外有城，重关重城，成并守之势。嘉峪关最初只是个简陋的关城，并没有延伸到南北两山的长城。此时，大明王朝正值少年，朝气蓬勃，蒙古各部不是归降就是望风而逃，关西七卫也小心翼翼，故而在1372年后的160年间，嘉峪关两翼并无长城。明世宗嘉靖十八年（1539），大明王朝走下坡路，才开始修筑嘉峪关南北两翼的长城，这两条长城，彻底给河西走廊上了一把大锁。

图为山丹县东10公里处的二十里堡村汉长城。山丹县，在河西走廊的中部，连通着张掖和武威，汉代与明代所修筑的长城主线，均从此地经过，因此，山丹县是甘肃省长城遗址较为集中的地段。由于北靠龙首山，山北就是沙漠地带，所以，山丹长城历来是修护最完整的长城段落。

"严关百尺界天西，万里征人驱马蹄。"这是清代林则徐路过嘉峪关时所写。其实，嘉峪关并没有百尺高，诗人在这里运用了夸张的手法给人们描述了嘉峪关的雄伟。此时，闭关锁国的清王朝，也快走到末路了。

甘肃草原

古代的甘肃草原丰美，且分布地区广泛，畜牧业发达，为粮食有余的富庶之地。《史记》《汉书》都明确记载：秦汉时代，甘肃就是森林茂密、草原肥美、畜牧发达的好地方。《汉书·地理志》载："秦地……北地、安定、天水、陇西、金城。""后有非子为周孝王养马汧渭之间。"《史记·货殖列传》载："天水、陇西、北地、上郡与关中同俗，然西有羌中之利，北有戎翟之富，畜牧为天下饶。"《汉书·地理志》有一段话说得更明白："自武威以西初置四郡……习俗颇殊……地广民稀，水草宜畜牧，（故）凉州之畜为天下饶。"说明秦汉时代今甘肃东部、东南部、中部和河西等地方水草丰美，适宜养畜和放牧。甘肃草原位于黄土高原、内蒙古高原和青藏高原的中间地带，海拔1000～3000米。境内山脉重叠，草原连片，主要分布在甘南、天祝、祁连山地和河西走廊一带。

一、甘南草原

地处岷山脚下、黄河之滨的甘南草原，分布在甘南藏族自治州的玛曲、碌曲、夏河三县境内，"黄河九曲"的第一曲就在这里。地势高寒，坡陡土薄，生长季短，年降水量仅600毫米。除大夏河两岸和洮河、白龙江一带有一些耕地和森林外，其余均为肥美的草原，面积约2300万亩，是本省主要的

甘南草原

畜牧基地之一。甘南草原以牛（牦牛、犏牛、黄牛）、马、羊为主，夏河、碌

曲、玛曲等地所产的"河曲马"，碌曲和玛曲所产的"欧拉羊"，均以品种优良而闻名全国。

二、祁连山草原

横亘于河西走廊1000多公里的祁连山内外，有着广阔的草原，如山丹、永昌的大河滩、大马营和皇城滩等。这些地区雨水比较充足，祁连山附近又有雪水灌溉，因而牧草繁茂，即便是山岭深处，牧草长势也很喜人，自古就是中国优良的天然牧区。远在秦汉时期这里的畜牧业就很发达，有"失我祁连山，使我六畜不繁息"的歌谣。"祁连山"一名就是古代匈奴语，意为"天之山"。迄今为止，游牧在这里的匈奴人的直系后裔——尧熬尔人仍然叫祁连山为"腾格里大坂"，意思是"天之山"。现今祁连山草原被评为中国最美六大草原之一。著名的大马营草原，地形平坦、水草丰美，蜚声中外的世界第一大牧场——山丹军马场就建在这里。

山丹军马场

山丹军马场历史悠久，史志典籍多有记载。《资治通鉴·汉纪十一》载，"（元狩二年）霍去病为骠骑将军，过焉支山千余里"，驱逐匈奴后，汉朝即在汉阳大草滩（即今大马营草原）屯兵养马。尔后自魏晋至隋唐，大马营草原一直是很重要的牧马场所。盛唐时期养马7万匹以上。嘉庆六年（1801）大马营草原有马1.8万余匹。晚清时，时局动荡，大马营草原仍有马数百匹。民国八年（1919）政府接管马场，几经沉浮，于民国十八年沦为马步青私人牧场。民国二十九年才复归中央政府管理。1949年9月建山丹军马场，近五十年一直归属军队管理，是我国乃至亚洲最大的军马繁育基地，也是我军最大的粮油肉生产基地。山丹军马场每年都要输出大批的骏马良骥支援国防和经济建设，特别是培养出来的"山丹马"，是我国少有的优良品种。山丹军马场是目前世界上历史最悠久，在亚洲规模最大的马场。

长城与草原的碰撞和交融

古长城一线大体上与农牧区自然分界线相吻合。北方广阔草原适宜大规模游牧，农牧区之间没有不可逾越的天然屏障，这种地理环境既利于不同民族之间的交往，也容易产生摩擦。自从组建富于高度机动性的骑兵队伍之后，游牧民族便如猛虎添翼，在相当长的历史时期内对农耕民族保持着巨大的军事压力。以农耕立国的古代中原王朝无力也无须耗费巨大国力去控制北部辽阔的荒漠与草原，而又不得不提防游牧部落随时南下劫掠。事实上，几乎历代中原王朝都面临着来自北方游牧民族的挑战。中原王朝和北方少数民族政权之间的和战关系始终是中国古代影响制约双方社会历史发展的一个重要因素。长城便是这种生态环境差异和农牧民族冲突的产物，是中原王朝为填补天然障碍的不足而建立的防御体系。长城是凝聚中华民族智慧的历史丰碑，是中华民族精神的象征。

草原文化是具有浓厚地域特色和民族特征的一种复合性文化。草原文化是中华文化极具特色、不可或缺的重要组成部分，是中华文明的主要起源与组成部分之一，是中华文化发展的重要动力源泉之一。中华文化源远流长、长盛不衰，在世界各文明古国中极为罕见。造就这种独特而伟大的文化发展现象的原因之一，就在于它多元一体、和而不同的内在建构。在这个内在建构中，草原游牧民族一次又一次地推进新的历史变革与发展。历史上，在中原地区建立统一农业区政权的同时，北方草原上的匈奴、鲜卑、柔然、突厥、契丹、蒙古等游牧民族也相继建立了统一游牧区的政权。自战国时代到秦汉时期，匈奴族在北方草原崛起，建立了统一北方草原的强大政权。西晋以后，北方诸草原民族向中原内地迁移并建立政权，我国进入了"五胡十六国"时期。在东晋时期，鲜卑族逐渐壮大，入主中原，建立了北魏政权。五代之际，契丹族统一北方，建立了辽政权。此后女真人在北方崛起，推翻了辽、北宋政权，建立了金朝。在元、清两朝，蒙古族、满族不仅统一了北方草原地区，而且建立了包括大江南北、长城内外的疆域空前广阔的统一政权，巩固了统一的多民族国家。在此期间，草原文化与中原文化长期碰撞、交流、吸收、融合，今天已经演变成以内蒙古为主要集聚地，以蒙古族文化为典型代表，历史悠久、特色鲜明、内涵丰富的文化体系。在文化类型上，这个以北方游牧文化为支撑的草原文化体系，与中部的农耕文化和南方山地游耕文化一起构成我国三大类型经济文化区。草原文化不断参与中华文化的构建与发展，积极地融入博大精深的中华文化体系之中，三大文化相互交融辉映，使中华文化成为一个多元一体、丰富耀眼的文化体系。中国历史上北方草原民族总有一种向南融合发展的倾向，中原王朝到末期广泛弥漫的腐败萎靡和不堪一击，也促使草原民族一次次戎装南下，为中华民族和中华文化的发展一次次注入新鲜血液。诚如陈寅恪所说，北方胡人文化"注入中原文化颓废之躯，旧染既除，新机重启，扩大恢张，遂能别创空前之局"。从文化发展的角度看，伴随着北方草原民族对中原武力征服而来的是草原民族与中原民族的融合，也是草原文化同中原文化的汇聚与创新。这种大规模的融合汇聚每进行一次，中华民族、中华文化的多元性、包容性就得到一次加强，中华文化所产生的向心力、凝聚力也就进一步增强。正是这样一次次的大规模融合、汇聚、创新，加速推动着中华民族、中华文化多元一体格局的形成。

活动建议

（1）看看你家乡的长城，说说长城的故事。

（2）到世界第一大牧场——山丹军马场或嘉峪关实地考察。

（3）你家乡民俗民风有北方草原民族的遗风吗？探究探究。

第11课　中西交流的通道

思考提示：张骞出使西域打开中西交通，河西走廊设立河西四郡，金城郡位居要津是通往河西走廊的门户。李希霍芬提出丝绸之路的概念，你理解丝绸之路的功能和文化意义吗？

丝绸之路

丝绸之路

丝绸之路，简称丝路，西汉时期，张骞出使西域开辟了以长安（今西安）为起点，经甘肃、新疆，到中亚、西亚，并联结地中海各国的陆上通道。因为西运的货物中以丝绸制品的影响最大，这条路故得此名。其基本走向定于西汉时期，包括南道、中道、北道三条路线。

历史上丝绸之路横贯欧亚大陆，促进了欧亚非各国和中国的友好往来。中国是丝绸的故乡，在经由这条路线进行的贸易中，中国输出的商品以丝绸最具代表性。19世纪下半期，德国地理学家李希霍芬（Richthofen，Ferdinandvon）将这条陆上交通路线称为"丝绸之路"。德国人胡特森在多年研究的基本上，撰写专著《丝路》。从此，丝绸之路这一名称得到世界的承认。

丝绸之路的驼队

河西四郡

据《汉书·地理志》记载，公元前104年，西汉政府设置酒泉郡与张掖郡，前101年设武威郡，前88年设敦煌郡。据《汉书·武帝纪》记载，元狩二年（前121）浑邪王降，以其地为武威、酒泉郡；元鼎六年（前111），分置张掖、敦煌郡。

河西四郡

西汉政府设置河西四郡的历史功绩主要是：扩大了汉朝对古代新疆的政治

经济影响，促进了新疆统一于汉朝；将河西游牧区建设成农业区，为丝绸之路的畅通提供了方便条件；发展了河西地区的农业和手工业生产，创造了高度发展的封建文化。河西四郡的设置，便利了中国与西方各国经济文化的交流，促进了有关国家经济文化的发展。

相关链接

2014年6月，在卡塔尔首都多哈召开的联合国教科文组织第38届世界遗产大会审议通过中国、哈萨克斯坦、吉尔吉斯斯坦跨国联合申报丝绸之路项目列入《世界遗产名录》，甘肃5处文物点入选丝绸之路首批跨国申遗名单，分别是玉门关及河仓城遗址、麦积山石窟、悬泉置遗址、锁阳城遗址及墓群、炳灵寺石窟。

丝绸之路上的和亲公主

细君公主，名刘细君，出生于江苏扬州，汉代江都王刘建的女儿。她是丝绸之路上第一个远嫁西域的和亲公主，是汉朝和乌孙政治联盟的奠基者。

解忧公主，是第三代楚王刘戊的孙女，在出使乌孙和亲的细君公主去世后，为了维护汉朝和乌孙的和亲联盟，也奉命出嫁到西域的乌孙国。解忧到乌孙国后，积极参与政事，致力于兴国安邦的事业。

她经常不辞辛劳地到各个部落中视察民情，访贫问苦；每逢国中发生了山洪、寒流、地震等自然灾害，她都毅然奔赴前线，

解忧公主

与各族牧民并肩战斗抗洪救灾；大力发展植树造林和农业活动；她还积极支持贤臣的建议，说服乌孙王和乌孙长老们，开通了乌孙通往大宛、康居和塔里木城邦诸国的通商口岸。

文成公主，唐室远支宗室女。唐贞观十四年（640），唐太宗李世民封她为文成公主，贞观十五年远嫁吐蕃，成为吐蕃赞普松赞干布的王后。文成公主入藏，唐朝和吐蕃之间的友谊有了很大的发展，由于文成公主的博学多能，对吐蕃国的开化影响很大，不但巩固了唐朝的西陲边防，更把汉民族的文化传播到西藏，西藏的经济、文化等各方面也因大唐文化的营养得以长足发展。

文成公主

金城公主，唐中宗养女，唐景龙四年（710）远嫁吐蕃赞普尺带珠丹。金城公主入蕃30年，力促唐蕃和盟。此间，唐、蕃虽曾进行过多次战争，但由于金城公主的努力，双方使臣往来频繁，双方终于在开元二十一年（773），在赤岭（今青海湟源西日月山）定界刻碑，约以互不相侵，并于甘松岭互市。

活动建议

（1）观看纪录片《丝绸之路》。

（2）观看纪录片《河西走廊》。

（3）写一篇小论文，发表自己对古代中国中西交往的见解。

第 12 课　中国石窟艺术之乡

　　思考提示：敦煌莫高窟、天水麦积山、永靖炳灵寺、庆阳北石窟寺、武威天梯山、安西榆林窟、张掖马蹄寺……这些自魏晋以来不断营造、密布于丝绸之路沿线的大大小小的石窟，如同佛陀撒落的串串珍珠，历千年而不毁，既是宗教、文化、艺术的结晶，也是丝路历史的见证，为甘肃赢得了"中国石窟艺术之乡"的美称。

敦煌莫高窟——沙漠中的美术馆

　　在敦煌，沿丝绸之路西来的佛教文化和敦煌的文明相结合，与深入敦煌的儒家、道家思想强烈碰撞，从而形成敦煌的佛教文化艺术，以莫高窟为典型代表。

　　莫高窟，又名"千佛洞"，被誉为20世纪最有价值的文化发现、"东方卢浮宫"。

敦煌莫高窟

位于敦煌市东南25公里处、鸣沙山东麓的断崖上，是我国三大石窟艺术宝库之一。洞窟始凿于前秦建元二年（366），后经历代增修，今存洞窟492个，壁画45 000平方米，彩塑雕像2415尊，是我国现存石窟艺术宝库中规模最大、内容最丰富的一座。1987年，被联合国教科文组织列为世界文化遗产。

　　莫高窟的艺术特点主要表现在建筑、塑像和壁画三者的有机结合上。窟形建制分为禅窟、殿堂窟、塔庙窟、穹隆顶窟、影窟等多种形制；彩塑分圆塑、浮塑、影塑、善业塑等；壁画类别分尊像画、经变画、故事画、佛教史迹画、建筑画、山水画、供养画、动物画、装饰画等不同内容，系统反映了十六国、北魏、西魏、北周、隋、唐、五代、宋、西夏、元等十多个朝代及东西方文化交流的各个方面，是人类稀有的文化宝藏。

莫高窟还是一座名副其实的文物宝库。藏经洞中曾出土了经卷、文书、织绣、画像等5万多件，艺术价值极高，可惜由于当时主持莫高窟的王道士愚昧无知，这些宝藏几乎被悉数盗往国外。现在莫高窟对面的三危山下，敦煌研究院承建了敦煌艺术陈列中心，仿制了部分原大洞窟，使游客在莫高窟的观赏内容更加丰富多彩。

外国游客对莫高窟的评价：

"看了敦煌莫高窟，就等于看到了全世界的古代文明。"

"莫高窟是世界上最长、规模最大、内容最丰富的画廊。"

"莫高窟是世界现存佛教艺术最伟大的宝库。"

飞天——敦煌莫高窟的名片，是敦煌艺术的标志。

莫高窟的壁画上，处处可见漫天飞舞的美丽飞天——敦煌市的城雕也是一个反弹琵琶的飞天仙女形象。飞天本是佛教故事中飞在空中的地位低下的香音佛，画师却将她描绘得美轮美奂、婀娜多姿。她们头上那高高的发髻，身上窄窄的裙裤，以及缭绕身际的轻盈舞带，还有光着双脚凌空飞翔的神态，活像正在嬉戏中的民间少女。历时千余年的众多飞天形象，是民族艺术的瑰宝，是不朽的艺术品，是佛教艺术中璀璨夺目的一朵奇葩。

飞天

飞天壁画

天水麦积山——东方雕塑馆

　　天水是中国古代文化发祥地之一，传说上古时期的伏羲、女娲都降生在天水，故有"羲皇故里"之称。麦积山石窟地处甘肃省天水市东南方50公里的麦积山乡南侧西秦岭山脉的一座孤峰上，因其形似麦垛而得名。麦积山石窟荟萃着后秦、西秦、北魏、西魏、北周、隋、唐、五代、宋、元、明、清等十多个朝代的塑像7200余尊，壁画1300多平方米，分布在194个洞窟里，并完整保留至今。麦积山石窟属全国重点文物保护单位，也是闻名世界的艺术宝库，被称为东方雕塑馆。2014年6月22日，麦积山石窟申遗成功。

　　麦积山高达142米，石窟多凌空凿于20至70米高的悬崖峭壁上，洞窟"密如蜂房"，栈道"凌空飞架"，层层相叠，其惊险陡峻世所罕见，形成了一个宏伟壮观的立体建筑群。麦积山塑像，主要题材有佛、菩萨、弟子、天王、力士等，尽管各代塑像同处一堂，但并不因袭模仿，而是保持着各自的时

麦积山石窟

代特色，系统地反映了我国泥塑艺术的发展、演变过程。无论是高达15米的巨像，还是只有0.3米的小像，都给人以美感。

　　四窟又称上七佛阁，位于东崖三大佛上方最高处，距地高约70米，为麦积山规模最大、位置最高的石窟，也是最辉煌壮观的殿堂式大窟。

　　故事说的是七佛阁里的七尊大佛，传说当年佛阁建成后，曾邀佛祖来此讲经说法，赴会听法者云集于上七佛阁之下。上七佛阁里修行的二十八尊飞天，见此盛况，兴奋不已。为识别赴会者们对佛的信仰是否真诚，她们从空中向地上的众生散花，如果他们心诚，飘落的花雨就会飞向天际；如果花瓣落在谁的肩上，就说明他俗缘未断，红尘未了。结果，散落的飞花久久飞舞于天际，没有一瓣落下，证实前来听法的众僧，个个诚心敬佛。到如今，游览的人们不时

将纸碎片抛向空中，看着腾空上升的纸片飞扬，心中一片欢悦。久而久之，人们习惯称上七佛阁为"散花楼"。

甘肃马蹄寺石窟

马蹄寺石窟位于甘肃省张掖地区肃南裕固自治县马蹄区的马蹄山中。马蹄山古名临松山，又名丹岭山、青松山，远在西汉初年，这里是匈奴阿育单于的避暑胜地。马蹄寺石窟群包括千佛洞，南北马蹄寺，上、中、下观音洞和金塔寺七个小石窟群。每个小窟群，多的有30余窟，少的只有2窟，总共有70多窟。这些石窟最早的建于晋代，是敦煌人郭瑀及其弟子所凿，先为郭瑀的隐居讲学处，后人扩而大之，增塑像佛，鼎盛时期曾有僧众三百多人。明朝永乐年间改名普光寺，寺内原存的金鞍、龙袍，系清代乾隆赐给的御物。马蹄石窟由于历史悠久，同敦煌的莫高窟、陕西的榆林窟并称为河西佛教圣地的三大艺术宝窟。

甘肃武威天梯山石窟

天梯山石窟也叫大佛寺，位于甘肃省武威市城南约40公里的中乡灯山村。东晋义熙八年（412），北凉王沮渠蒙逊由张掖迁都武威，自称河西王，修缮宫殿，大兴佛教，并在武威南部天梯山上开凿石窟，大造佛像。此后在北魏、隋、唐、西夏期间均有扩建，至明、清已成为喇嘛教寺院。目前天梯山石

武威天梯山石窟

窟仅存三层，大小洞窟17处。其中一大型洞窟残高30米，宽19米，深6米，窟内有释迦牟尼大像一尊，高28米，宽10米，面水而立，右臂前伸指向前方，巍然端坐。两旁还有文殊、普贤菩萨及广目、多闻天王、迦叶、阿难等6处尊造像，造型生动，神态威严。窟内南北两壁绘有大幅壁画，笔触清新，色泽艳丽，形

象逼真。天梯山石窟是我国早期石窟的代表，不但为佛教的传播培养了人才，而且为石窟的开凿造就了技术力量。后来北魏在开凿云冈石窟时，所用工匠都是从姑臧去的，主持开凿的也是姑臧僧人昙曜。

兰州炳灵寺石窟

炳灵寺石窟位于甘肃省永靖县境内的积石山中。"炳灵"为藏语"千佛"或"十万佛"的音译。石窟开凿于黄河北岸大寺沟的峭壁上，共分上下四层，主要为西秦、北魏、北周、隋、唐直至明、清各代的作品，其中唐代作品居多。共有窟龛183个，大小佛像694尊，泥塑82尊，壁画900平方米，石雕方塔1座，泥塔4座。其中编号为169的洞窟"唐述窟"是十六国的西秦时期作品，内有西秦造像，造型刚健挺拔，线条流畅，壁画构图古雅，画中人物衣袂飘逸，栩栩如生。窟北部有墨书题迹一方，上书"建弘元年"（420）字样，系迄今所发现的最早的石窟题记。

2014年6月22日，在卡塔尔多哈召开的联合国教科文组织第38届世界遗产委员会会议上，炳灵寺石窟作为中国、哈萨克斯坦和吉尔吉斯斯坦三国联合申遗的"丝绸之路：长安——天山廊道的路网"中的一处遗址点成功列入《世界遗产名录》。

炳灵寺石窟的石刻造像，时代不同，风格各异。不论是西秦的剽悍雄健还是北魏的秀骨清像，不论是北周的珠圆玉润还是隋唐的丰满夸张，或是宋代的求变写实，都采用了以形写神、形神兼备、重在写神的传统技艺，它们是佛教观念、信仰、情绪的物化艺术形式。其造型和雕饰，既笼罩着神奇的宗教气氛，又极富有现实的生活情趣。造像的主题是佛陀，庄严肃穆，祥和可亲；菩萨含情脉脉，亭亭玉立；弟子有的幼稚天真，有的深沉世故；天王勇猛暴烈，怒目而视，无不塑造得栩栩如生，细致入微。

"丝绸古道三千里，黄河文明八千年。"甘肃是丝绸之路的关键区段，而佛教一路向东，一路传播，一路演变，在丝绸之路甘肃境内的主要路段和渡口都留下了里程碑式的佛教石窟遗址，它们规模宏大，数量众多，内容丰富，历史悠久，构成了一部相对完整的佛教石窟艺术史，在中国佛教史和艺术史上占有极其重要的地位。

活动建议

每年都有大批的中外游客来甘肃旅游观光，如果请你做导游，向游客推荐一处石窟旅游景点，你选择哪里呢？请写出导游词。

第 13 课　甘肃的世界显学——简牍学与敦煌学

思考提示：你知道汉简吗？甘肃汉简不仅出土数量多，而且发现较早，研究历史长，是研究历史、文化、丝绸之路、中外关系等的重要史料。你去过敦煌吗？这里被称为东方世界的艺术博物馆。

简牍与文化

在纸张未发明以前，简牍是人们最常用的文字载体之一。简牍文书与殷墟甲骨、敦煌文书、明清大内档案一起，被誉为20世纪中国考古学界的四大发现。简牍学是研究简牍历史、制度及其所载图文资料的学科。简牍的记载真实直白，是清晰的第一手文献材料。

甘肃是中国简牍出土大省，河西走廊乃汉简之都。20世纪初以来，在甘肃省集中发现的汉简有居延汉简、悬泉汉简、敦煌汉简等。截至目前，甘肃发现和出土的历代简牍有7万多枚，其中4万多枚收藏在甘肃，仅汉简就占全国出土汉简的82%以上。

1930年，西北科学考察团中的瑞典学者F·贝格曼在额济纳河流域，对汉代烽燧遗址进行调查挖掘，出土简牍一万余支，是此次挖掘的重大收获。汉简出土地点有30处，其中10处为主要出土地点，如破城子（A8），出土4422支，这批汉简现藏中国台湾"中央研究院"。

在内蒙古自治区额济纳旗和甘肃北部，额济纳河流域绵延300公里的区域，先秦时称"弱水流沙"（匈奴语），秦汉以后称"居延"。1930—1931年，在额济纳河的大湾、地湾、金关、破城子等汉代烽燧遗址中发现张掖郡居延都尉和肩水都尉管辖区内的屯戍文书，学术界称为"居延汉简"。1972—1976年，考古工作者又在该地区发掘木简2万多枚，是我国历来发现简牍最多的一次考古发掘，也使"居延"一举成为汉简的代名词。居延汉简的内容十分广泛，涉及汉代社会的政治、经济、军事、文化等各个方面。以军事简为例，在居延汉简侯官上报的病史卒名籍簿中，记述了患者的姓名、症状、医疗过程等多项内容，与今天的病历很相似，为研究汉代西北屯戍的历史提供了第一手的材料，有很高的史料价值，也是很珍贵的书法墨迹。简牍不仅为研究我国古代文字的变化发展提供了重要的文字资料，而且是中国书法史的重要组成部分，被誉为20世纪中国档案界的"四大发现"之一。

武威汉简，数量多，保存好，内容丰富，史料可贵，是中国简牍学上的一朵奇葩。武威汉简中的仪礼简、医药简、王杖简都被定为国宝级文物。仪礼简469枚27 298字，绝大部分是木简，每简长50.5～56.5厘米，每简有字60个左右，都是用汉代通行的隶书写成，上有削改和阅读的记号。主要记录士大夫应该遵行的冠、昏、饮、射、聘、觐、丧葬、祭祀的礼仪规范。医药简92枚，有78枚被定为国宝级文物，因为其中一简写有"右治百病方"，所以又被称为"治百病方"。医药简的内容涉及医

武威礼仪简

学上的内、外、妇、五官等各种临床医学、药物学和针灸学，保存了比较完整的各科方剂30多个，方中所列药物近100味，并详细记载了病名、病状、制药方法、服药时间、针灸禁忌等，是国内现存最早的医药著作的原始文物。王杖简记载了中国官方最早做出的"尊老养老，优扶耆老"的规定，它记载了汉代皇帝向70岁以上的老人赐予"王杖"（因王杖镶有木刻的斑鸠，所以又名"鸠杖"）赋予特权的尊老制度。

甘肃乃至西北汉简是西汉时留下的文件档案，为我们研究汉代从中央到地方的政治、经济、军事、外交、丝绸之路、民族关系、邮驿交通、科学文化、宗

教信仰、社会生活等领域提供了重要的材料，具有极高的科学价值。

敦煌学

敦煌学是以敦煌遗书、敦煌石窟艺术、敦煌史迹和敦煌学理论等为主要研究对象，包括上述研究对象所涉及的历史、地理、社会、哲学、宗教、考古、艺术、语言、文学、民族、音乐、舞蹈、建筑、科技等诸多学科的新兴交叉学科。

《敦煌壁画》邮票

敦煌史迹。包括敦煌古郡范围内的郡县、关址、长城、烽燧、塔寺、古墓葬、古代居住遗址，以及敦煌地区出土的汉晋简牍（1906年至今，敦煌地区先后出土了多批汉晋简牍）、文物、乡土文献等。

相关链接

甘肃简牍博物馆成立于2012年12月，主要承担甘肃出土简牍的收藏保管、保护修复、整理研究和展示利用等职责。

现保存有武威仪礼简、医药简、王杖简460多枚，居延新简（甲渠侯官）8400多枚，肩水金关汉简12 000余枚，敦煌马圈湾汉简1200多枚，甘谷汉简20多枚，天水放马滩秦简460多枚，悬泉汉简23 000多枚，水泉子汉简600多枚，黄家湾晋简30多枚。此外，还有一些零星的吐蕃文、西夏文木牍。

敦煌石窟艺术。包括古代敦煌郡、晋昌郡范围内就岩镌凿的敦煌莫高窟、西千佛洞，安西榆林窟、东千佛洞、水峡口下洞子石窟，肃北五个庙石窟、一个庙石窟和玉门昌马石窟等佛教石窟寺。其内容包括彩塑、壁画、题记和建筑等几个部分。

莫高窟堪称世界最大的艺术宝库之一。自僧人乐尊开窟造像以来，莫高窟经历了北凉、北魏、隋初、盛唐、大宋、西夏、元朝诸朝代，莫高窟735个石窟中，有492个石窟有佛造像，布满彩绘壁画，既描绘出人们祈祷憧憬的天国，也把人世间的耕种织造等一切美好留在了画面上。

敦煌莫高窟

敦煌遗书。敦煌遗书是敦煌学的主要研究对象，也是使敦煌学成为一门学科的主要因素。其主体部分是1900年敦煌藏经洞出土的5万多件古写本和少量印本，也包括古敦煌郡范围内发现的少量纸本文书和典籍，以及吐鲁番地区出土的敦煌文书。

敦煌学理论。包括敦煌学发展的历史、现状、研究方法以及对这门学科的性质、概念、范围等问题的探索。

相关链接

早在18世纪，我国学者就已开始对敦煌莫高窟进行考古调查，续有著录。

清乾隆年间，时任安西观察副使的常钧考察敦煌后，于1742年成书《敦煌杂抄》《敦煌随笔》。

1922年，驻防敦煌的肃州巡防第四营统领周炳南命营部书会同敦煌县署对莫高窟、榆林窟、东千佛洞等进行普查，并首次对石窟进行编号，此即"官厅编号"，成文《官厅调查表》，收录于陈万里《西行日记》中。

1925年2—7月，陈万里随美国华尔纳率敦煌的考古队西行考察，成书《西行日记》，作为北京大学研究所国学门实地调查报告，于1926年7月出版。

　　1944年，史岩等开始对莫高窟供养人题记展开调查，于1947年出版了《敦煌石窟画像题识》，同时对石窟再次编号，此即"史岩编号"。

　　1947年后，敦煌文物研究所再次普查洞窟并重新编号，此即"文物研究所编号"，陆续对莫高窟窟前遗址、北区废弃洞窟等进行了考古挖掘。

活动建议

（1）去甘肃简牍博物馆考察。

（2）阅读冯骥才的《人类的敦煌》，写一篇读后感。

第 14 课　阴平古道与甘肃三国文化

思考提示：你知道曹操的陇右战略吗？曹魏在陇上置秦、凉二州，对当地形成了有效的管理，促进了陇上经济发展与民族融合。你知道诸葛亮与姜维的故事吗？

曹操的陇右战略

赤壁之战后，曹操重点经略陇右。曹操虽然在赤壁之战中失败，但就扫除关陇的障碍而言，他的目的达到了。此后不断自关中出兵，窥取今陇东一带。建安十六年（211），曹操行"伐虢取虞"之计，发兵攻张鲁，引起关陇割据者的恐慌，韩遂、马超重新联合，纠集杨秋、李堪、成宜、程银、张横、梁兴、马玩等十部关陇兵马共10万人，抢先占据潼关，而曹操只扬言攻汉中，不说取陇右，实际上是想消灭西北马超的势力。在魏军强大的攻势下，马超实难阻遏曹军，逼迫之下"遣使求割关陇以请和"。曹操拒绝马超求和的请求，又用贾诩之策离间韩遂，使马超与韩遂互相猜忌，各怀疑心，临阵各不相救，致使魏军一举击破了陇右联军。马超、韩遂只好溃退凉州。其间，陇右联军中势力较大的杨秋部，退奔安定（治今镇原）。"十月，曹操出动大军攻打安定，杨秋降曹"，安定一带地归曹魏。从而使曹操在实现经略陇右的战略中，首先占领了陇东一域。次年（212）五月，

曹操

65

曹操诛杀马腾，夷其三族，马超兴兵复仇，进抵蓝田，被魏兵击溃，"转而逃奔到安定"。在安定，马超纠合当地羌胡，南联张鲁，攻掠陇上诸军，重新控制了不少地方。建安十八年（213）正月，马超进攻冀城，曹魏刺史韦康在"内无粮草、外无援兵"的情况下以城降超。不久，"韦康故吏杨阜、姜叙、赵昂、尹奉等合天水、安定、南安三郡兵反攻冀城"，打败了马超，曹魏的势力又北及凉州等地。建安十九年（214）十月，除在陇南的武都之外，整个陇上都归曹操所有。

曹魏平定陇右后，设置凉州，选派廉吏治理，社会秩序安定，生产得到恢复和发展，成为与吴、蜀争雄的战略要地。

曹魏统治下的凉州与秦州

三国鼎立局面形成后，曹魏恢复了凉州行政建制。建安二十五年（220），凉州从雍州划出来。据《三国志·魏书·张既传》记载："是时（指汉末）不置凉州，自三辅拒西域，皆属雍州。文帝（曹丕）即王位，初置凉州，以安定太守邹岐为刺史。"曹魏还在陇右设置秦州，考《三国志》，魏黄初五年（224）以郭淮为雍州刺史。

凉州，治武威郡姑臧县，领金城郡、西平郡、武威郡、张掖郡、酒泉郡、敦煌郡、西海郡等七郡；秦州，治冀县，领陇西郡、南安郡、天水郡、广魏郡、安定郡等五郡。

黄初二年（221），张既代邹岐为凉州刺史，他能从多民族的实情出发，采取胡汉有别的策略，通过分化和利导使百姓归心。他还积极贯彻曹操"唯才是举"的教令，为朝廷举荐了许多河陇地方的英才。张既之后，徐邈、仓慈、皇甫隆等一大批良吏在凉州都实行过比较开明的政策，促进了凉州的进一步开发，促进了凉州地区民族关系的发展，巩固了曹魏实现的北方统一。

魏蜀争陇

　　三国时的陇右，物产丰富，自古兵家视之为粮食取给之地；地势险峻，进可攻，退可守，是通往关中的门户。建安二十四年（219），汉中由曹操之手转入刘备手中后，陇右形势紧张起来。在曹操紧锣密鼓做防御准备时，刘备诸葛亮也在计划攻打关陇。对蜀国而言，"天下三分，益州疲弊"，出于对蜀国危急存亡的考虑，与曹操必有一战。公元223年刘备死后，诸葛亮主理蜀国国政，魏蜀战幕拉开。

　　前期的陇右之争包括街亭之战、建威之战、首阳之战和祁山之战，诸葛亮因积劳成疾死于军中，他的北伐事业画上了句号。后期的陇右之争以姜维三次出陇为代表。姜维在诸葛亮去世后继承诸葛亮的遗志，继续率领蜀汉军队北伐曹魏，与曹魏名将邓艾、陈泰、郭淮等多次交手。然而由于蜀汉国力弱小等原因，终究回天乏术。蜀汉灭亡后，姜维希望凭自己的力量复兴蜀汉，假意投降魏将钟会，打算利用钟会反叛曹魏以实现恢复汉室的愿望，但最终钟会反叛失败，姜维也被魏兵所杀。

诸葛亮（181—234），字孔明、号卧龙，徐州琅琊阳都（今山东临沂沂南）人，三国时期蜀汉丞相，杰出的政治家、军事家、散文家、发明家。在世时被封为武乡侯，死后追谥忠武侯。

魏灭蜀

　　公元263年，曹魏实际领袖司马昭决定向蜀汉发动战争，派遣钟会、邓艾、诸葛绪等分东、中、西三路进攻汉中。蜀汉则以姜维为首组成抵抗军，据剑阁天险与魏军相持，魏军不能前进。邓艾遂率精兵偷渡阴平攻占涪城，进逼成都。蜀汉后主刘禅出降，姜维闻讯后带部投降钟会，蜀汉灭亡。蜀魏两国对陇右的争夺，以蜀国灭亡而终结。

魏灭蜀路线图（《汉中地区志第三册》
卷二十一，三秦出版社）

阴平古道。《三国志》记载：三国时，
司马昭命钟会、邓艾领兵伐蜀，被蜀汉大将姜
维堵在剑门关以北，久攻不下，邓艾则回军景
谷道，到达阴平郡，走数百里险要小道，到达
江油关，蜀汉守将马邈开关投降。邓艾军长驱
南下，攻克绵竹，直抵成都。蜀后主刘禅投
降，灭了蜀国，从此留下了阴平古道的历史
遗迹。阴平古道以甘肃天水为起点，经甘肃
礼县、宕昌、武都至文县，并在文县分出两
条路，一条从文县循白龙江至碧口入川，进
入青川县境后到达平武；另一条则是从文县
东南经丹堡、刘家坪翻越摩天岭后入川，直
达平武。

姜维（202—264），
字伯约，天水冀县（今甘
肃甘谷东南）人。三国时
期蜀汉著名将领、军事统
帅。其人智勇双全，极善
用兵，是蜀国后期综合能
力最强的将领。原为曹魏
天水郡的中郎将，后降蜀
汉，官至凉州刺史、大将
军（拥有最高军事指挥
权）。

活动建议

（1）搜集曹魏统治秦、凉二州的相关资料。

（2）请你讲一讲诸葛亮与姜维的故事。

参考文献

［1］《三国志·魏书·王毌丘诸葛邓钟传第二十八》：姜维率会左右战，手杀五六人，众既格斩维，争赴杀会。

［2］《三国志·蜀书·蒋琬费祎姜维传第十四》：魏将士愤怒，杀会及维，维妻子皆伏诛。

第 15 课　甘肃的屯田戍边

思考提示：你知道屯田戍边的军事、经济和文化意义吗？知道历朝历代在甘肃屯田的情况吗？屯田戍边在稳定边疆、促进经济发展方面起到了积极的作用，同时也破坏了甘肃的生态环境。

屯垦戍边

"屯田"的"屯"是戍守、驻守的意思，"屯田"就是屯聚士卒，在其戍守之地一边守卫边塞，一边从事农业和牧副业生产活动。"屯垦戍边"在我国有着悠久的历史，主要以军屯和民屯为主，早在秦代就是秦王朝治边政策的主要内容。进入汉代之后，屯垦戍边成为汉王朝治边政策中的一项主要内容。汉代的屯垦广布于西北、北疆、东北等地区，一方面为汉王朝解决了军队的补给问题；另一方面也为维持

赵充国，字翁孙，西汉大将，陇西上邽人（今清水县），后移居湟中（今青海西宁地区）。汉武帝时，任后将军。宣帝即位，封营平侯，"寓兵于农，屯田戍边"，以"非战"的方式解决民族矛盾，维护边疆的稳定。赵充国的屯田之策对边疆地区农业生产的发展和各民族的休养生息起到了积极作用。

边疆稳定保持了一支重要的军事力量，对于边疆稳定起到了十分重要的作用，赵充国利用屯垦顺利平息西羌反叛即是一个很好的例证。有了秦汉两朝的成功

经验，汉代之后的各王朝，包括众多割据政权都将屯垦戍边作为其治理边疆的重要政策。隋、唐、宋、辽、金、元、明、清更是这一政策的积极推行者，尤其是清朝，不仅将屯垦戍边作为治边的主要政策，而且将屯垦的形式由军屯为主发展为民屯、遣屯、旗屯、回屯等多种形式，不仅使这一古老而年轻的政策在边疆治理中的作用得到了充分发挥，而且对边疆经济社会的发展也起到了极大的促进作用。

河西屯田

　　汉武帝元狩二年（前121）的河西之战和元狩四年（前119）的漠北之战后，"匈奴远遁，而漠南无王庭"，西汉王朝控制了河西走廊，筑长城，立亭障烽燧，设郡移民，接着就是大规模屯田的展开。西汉政府先后组织了几次大规模的徙民活动，把中原地区的贫民和罪犯迁徙河西。据《汉书·地理志》载，河西四郡当时有户六万一千余，户口十八万余。如果加上屯田的士卒，整个河西大约有40万人左右，当时政府将移民、设郡、屯垦这三者联系在一起，使大量的劳动力进入河西，加上徙民带来中原人民先进的生产技术和丰富的生产经验，大大促进了河西走廊一带的开发。

　　唐代的河西屯田主要目的是满足军粮供应，但客观上对河西农业开发等方面起了非常积极的作用，屯田为河西农业开发增加了大批劳力。据《新唐书·地理志》记载，开宝年间，河西甘、凉、肃、瓜、沙四州合计人口为172 086人；另据《旧唐书·地理志》记载，凉州以及吐谷浑部落等八州府有人口17 212人，加上这部分，河西共有在册人口189 298人。武则天时，陈子昂在论及甘州（张掖）屯田时曾说过，甘州土地肥沃，四十余屯，"每年收获常不减二十余万"。甘州刺史李汉通置屯开垦，"数年丰稔，乃至一匹绢粟数十斛，积军粮支数十年"。

　　明代甘肃的屯田主要有三种形式。一是军屯，以兰州为界，分为河西与河东（含陇东、陇西、陇中）两大区域，明得河西后设有凉州卫、永昌卫、肃州卫及甘州五卫。为了确保这一边防重地，不断派遣大量军队在河西驻防屯垦。从洪武到弘治（1368—1505），凉州等十一卫有正式屯军7万余人，下屯旗军近4万人，屯田面积最高时达26 000余顷，除了下屯正军以外，还有余丁及正卒家属下屯耕种。河西的军屯从洪武设卫开始，正德年间达到顶峰，嘉靖后开始衰落。二是民屯，明代的民屯之民来自"民之无田者"或"丁多田少之家"，也有招募流迁，还有故元士卒及家属和边境少数民族，移民的过程中朝廷给予一定的补贴，并设置屯田正副使，专门管理屯田事务。三是商屯，主要的目的是为了解决军费紧缺问题，允许商人出资招人在边地屯种，就地生产，就近缴粮，有力地推动了甘肃地区经济的发展。清代甘肃屯田远远超过明代，清朝初年政府大量召民到河西屯田，如雍正（1723—1735）年间，一次就召民2405户去敦煌屯种。同时，又实行了诸如改变凉州戍军为屯丁，把明藩王的土地归民户经营，以及免除钱粮、兴修水利等措施，使河西更加繁荣。

相关链接

你知道敦煌县各村名的来历吗?

三危乡有泾州、两当、会宁、镇原、地道、灵台等村名；杨家桥乡有礼县、安化、洮州、岷州、兰州、兰亭、合水等村名；孟家桥乡有西宁堡、古浪庙、河州堡、武威庙等村名。敦煌县城街巷有"兰州巷""秦州胡""固原巷""伏羌巷"等。

这种村名和街巷名都源自清雍正初年，政府从甘肃全省56州县移民2405户，约一万口到敦煌屯田，每户分田50亩。各县迁来的农民按政府划定的区域定居，并以原州县的名称命之。

由于河西走廊特殊的自然地理条件，在历代屯田过程中又未能注意生态的保护，加之落后的生产力、不合理的耕作方式、外族的入侵及农民小农生产意识使河西走廊的生态植被遭到了严重的破坏。很多地方，如现在民勤境内的三角城（汉代武威郡治）、文一古城（汉代宣威县址）、张掖黑水国（汉代黑水国）、黑河下游的居延三角洲（黑城遗址、破城子）、绿营河、摆渡河下游的古绿洲等都成为黄沙窝。古代这些人类居住的绿洲，如今却被淹埋在滚滚流沙的尘封之中，环境的破坏使这一地区沙尘天气日趋频繁，成为我国沙尘暴发源地之一。

肃王在甘肃

大明王朝建立后，朱元璋在改组国家中枢机构的同时，大封诸子为王，让他们"控要害，以分制海内"，达到"屏藩王室"的作用。1378年（明洪武十一年），朱元璋将其庶十四子朱楧封为汉王。1392年（明洪武二十五年），改封肃庄王，驻平凉。1395年（明洪武二十八年），就藩于甘州（今张掖）。1399年（明建文元年）迁到兰县（今甘肃兰州）。直到1644年（明崇祯十七年）明朝灭亡，肃王在甘肃共袭九世十一王。

明肃王府建于明惠帝建文元年（1399），后为清代的陕甘总督府、民国时的甘肃省政府，今天的甘肃省人民政府。一直是甘肃最高行政权力机构所在地。

肃王和其他诸王一样，在自己的封地建立王府，设置官署，地位极高。除了王府以外还营建了凝熙园、莲荡池、四园和金天观。王府以原元代兰州州署衙门、明初兰县县署衙门所在地为主，并加以扩展，东至会馆巷，西至城隍庙，南至张掖路，北至滨河路。莲荡池就是现在的小西湖，四园中的北园在今双城门外至上下沟一带，西园就是现在的上下西园。南园又叫靛园，在现在的禄家巷、周家拐子、鼓楼巷和中路子一带。北园在今雷坛河口以东、萃英门以西、黄河以南、临夏路以北一带。金天观在今兰州工人文化宫南部，与宋代建的玄妙观、清代建的白云观成为兰州规模最大的三座道观。

明代帝王及其幕僚，都追求厚葬，造陵之风很盛。历代肃王在榆中境内修建了宏大的坟墓。

位于兰州市榆中县来紫堡乡黄家庄村北侧平顶峰的南麓。据《皋兰县志》记载，肃王墓葬有明代十位藩王、两位妃子，一位夫人，共十一座墓葬。墓群规模之大，埋葬时间跨度之长，墓葬之集中，在国内实属罕见，被人们称为兰州的"十三陵"。2006年5月，被国务院公布为国家重点文物保护单位。

历代肃王重视农桑和文化教育。据记载，明初肃王专门派人前往江南，引进桑苗，辟地造园，栽活桑树867株，又派专人指导养蚕缫丝，每年可获蚕茧20多斤，改善了当时单一的农业品种结构，促进了兰州地区丝织业的发展。今天榆中桑园子便因此而得名。

明初朱元璋曾赐给肃庄王一部宋刻《淳化阁帖》，作为传世之宝。1614年（明万历四十二年），肃宪王朱绅尧令温如玉、张应召在兰州将《淳化阁帖》摹刻上石，七年如一日，共用铜磐石145块，完成帖石刻，成为肃本《淳化阁帖》。现有142块藏在甘肃省博物馆，是现存时代最早、保存最好的一部法帖原石，成为我国书法古帖中的稀世至宝。肃庄王在永乐年间曾令儒臣修纂了《金城志》，这是兰州最早的一部地方志，可惜已佚。

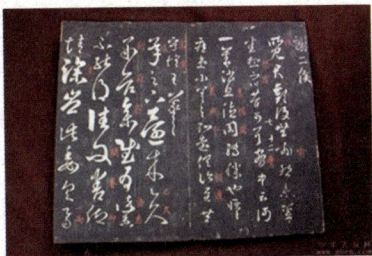

肃本《淳化阁帖》

活动建议

（1）讲一讲赵充国的故事。

（2）搜集有关甘肃屯田的资料，发表自己对屯田利弊的见解。

（3）去甘肃省博物馆考察肃本《淳化阁帖》。

第 16 课　汉魏晋甘肃民族大迁徙

思考提示： 羌、氐东迁的背景、路线和影响如何？鲜卑匈奴南下的背景、路线和影响如何？民族大迁徙隐含的文化意义是什么？如何传承甘肃的民族大迁徙文化？

羌氐东迁

羌人可以说是陇西走廊中最早活动的民族之一，原始分布地在甘青黄河、湟水流域。羌人最初以畜牧、射猎为业，羌人在前、后汉时前后进行了六次大迁徙，加速了与中原民族的融合。汉景帝时，研种羌首领留何率种人求守陇西塞，于是徙留何等于狄

魏晋羌族少女图

道（今甘肃临洮）、安故（今临洮西南），至临洮（今甘肃岷县）、氐道（今甘肃礼县西北）、羌道（今甘肃舟曲县北），处于汉朝的监护之下，这是羌人从湟水流域进入陇西走廊后，由西向东的第一次迁徙。这次迁徙主要是为匈奴所迫，但羌族开始进入长城以内，逐步走上了由畜牧为主转变为农牧兼营的道路，对羌族以后的东迁产生了深远的影响。西羌的第二次东迁在汉宣帝神爵二年（前60），赵充国招徕先零、煎巩等羌降汉，迁徙至破羌（今青海乐都东）、允街（今甘肃永登南）等县，并置金城属国以处之。第三次东徙在王莽朝末年，金城属县多为西羌据有。东汉建武十一年（35），马援击败先零羌于临洮等地，徙置数千人于天水、陇西、扶风三郡，扶风为关中三辅之一，这是

西羌的第四次东徙。永平元年（58），汉明帝遣窦固、马武等击烧当羌滇吾于西邯（今青海化隆回族自治县西南），将降者徙置于三辅，建初二年（77），三辅的一部分降羌徙入河东，这是西羌的第五次东徙。最后，在永元十三年（101），金城太守侯霸击败烧当羌迷唐于允川（即大允谷），将降者分徙于汉阳（今甘肃武山东）、安定（今甘肃镇原东南）、陇西（今甘肃临洮）等地，这是西羌的第六次东徙。

氐人在汉魏时期曾经有过三次大的迁徙，汉武帝元鼎六年（前111）遣中郎将郭昌等攻灭氐王，置武都郡，氐人受到排挤，逐步向境外的山谷间移动。元封三年（前108），汉武帝出兵征讨叛变的氐人，将一部分氐人迁至酒泉郡，这是氐人的第一次迁徙，从陇西走廊的南部迁往北部，一直进入河西走廊。东汉建安二十四年（219）三月，曹操以武都孤远，恐为蜀军所得，遂令雍州刺史张既至武都，徙氐人五万余至扶风、天水二郡界内；建安二十四年（219）夏，刘备占领汉中，近迫下辨（甘肃成县西北抛沙镇广化村），魏武都太守杨阜又前后迁徙武都汉人、氐、傁万余户于京兆（今陕西西安西北）、汧（今陕西陇县南）、雍（今陕西凤翔南）、天水（今甘肃天水）、南安（今甘肃陇西东南）、广魏（甘肃天水东）等郡县内，这是氐人的第二次迁移，从陇西走廊南部迁徙到北部和东部，进入关中。建兴十四年（236），武都氐王符健弟率四百户降魏；延熙三年（240），姜维出兵陇西（今甘肃陇西南），魏将郭淮迎击之，维退，淮迁徙氐人三千余以实关中，这是氐人的第三次迁移，从陇西走廊南部迁徙到东部，进入关中。经过这三次大迁移后，魏晋时期的氐人，除了在陇西走廊中的武都、阴平故地分布外，在关中和陇右又形成了两个分布中心。

鲜卑匈奴南下

公元前121年至公元前119年，霍去病两次击败匈奴左贤王，徙乌桓于上谷等五郡塞外，居于鲜卑山的鲜卑人南下饶乐水流域，占有了乌桓故地，这就是后世的东部鲜卑。分布在大鲜卑山的鲜卑人在首领拓跋推寅的带领下，南迁至大泽（呼伦贝尔草原一带），此后他们在这里生活了近200年，史称鲜卑人第一次大迁徙。东汉和帝永元年间，北匈奴为汉朝与乌孙、丁零、乌桓、鲜卑等击败，被迫西迁，给鲜卑人带来了第二次大迁徙的机会。迁入草原西北的拓跋鲜卑人也加入了檀石槐联盟，联盟瓦解，居大泽的拓跋鲜卑人走出大泽。《魏书》载："献帝（拓跋邻）命南移，山谷高深，九难八阻，于是欲止。有神兽，其形似马，其声类牛，先行导引，历年乃出。始居匈奴之故地。"迁徙的路线目前从挖掘出的鲜卑墓地可以看出是吉林—赤峰—乌兰察布盟—包头，一直到达了阴山山脉南麓的长川、盛乐一带。之后拓跋鲜卑继续向西南迁移，活动范围集中到今内蒙古和林格尔、凉城至山西大同一线，但时间已进入魏晋时期。拓跋部始祖力微组建了新的部落联盟，加入这个联盟的除了在漠北吸收的匈奴、高车、柔然各部落外，还有塞外的乌桓与东部鲜卑中的一些部落。

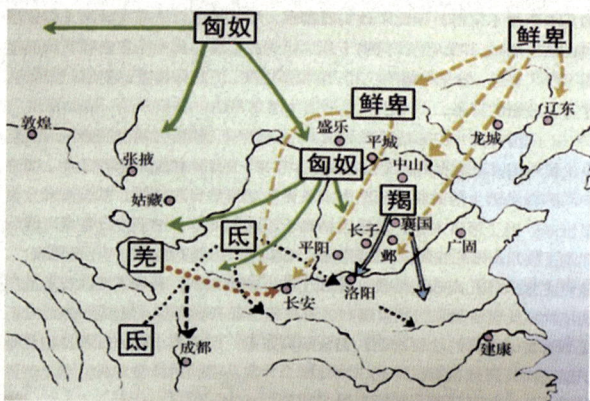

鲜卑匈奴南下

鲜卑在南迁西进的过程中，迁徙的路线长、时间久，所经多为匈奴故地，曾与匈奴、丁零（高车）、乌桓、汉人等融合而形成了许多新族别。按其发源地和后来迁徙分布及与其他诸族、部落的融合情况，大致可分为东部鲜卑、北部鲜卑和西部鲜卑，总人口数达二百多万人。东部鲜卑经过檀石槐、轲比能等部落联盟时期，后来发展成为慕容氏、段氏、宇文氏；北部鲜卑主要是指拓跋鲜卑，《魏书》载，"北俗谓土为拓，谓后为跋，故以为氏"；西部鲜卑主要由河西秃发氏、陇右乞伏氏及青、甘吐谷浑组成。

　　就在北匈奴迁居欧洲之际，南匈奴的驻地不断向南前移，他们一直居住在河套一带，三国时期曹操把匈奴分成五个部，到了3世纪，匈奴族的五部大都督刘渊在成都王颖手下当将军，当时西晋正在经历八王之乱。刘渊担任了匈奴族的大单于，占领了中国北部的大部分地区，自称汉王，史称汉赵或前赵。匈奴的一支族群称为羯人。汉赵的大将羯人石勒篡汉，建立赵国，史称石赵或后赵。后被氐人苻氏前秦所灭，融入匈奴人中的月氏人，称为匈奴别部卢水胡。其中沮渠家族推举后凉汉官段业为主，在现甘肃地区建立北凉。沮渠蒙逊杀段业，自立为北凉主，后被鲜卑人拓跋氏北魏所灭。

民族大迁徙文化意义

　　民族大迁徙实际上就是文化的流动和交流。民族迁徙内迁诸族在文化艺术、服饰、居住、饮食、宗教、语言、婚俗、葬俗等物质文化和精神文化方面也发生了变迁。而且，质朴刚健的北方草原文化与中原汉族封建文化经过反复撞击，融炼汇合，去粗存精，形成华戎兼采、空前宏伟之格局，不仅为光辉灿烂的唐文化奠定了基础，同时也极大地丰富了中华民族的艺术宝库。因此，我们了解甘肃境内少数民族迁徙中隐含的文化意义，对于我们更好地了解认识家乡、建设家乡有着极其重要的现实意义。我们不仅要紧跟时代发展的步伐，学习先进的科学技术，更重要的是要具备更多的文化素养，提高我们的软实力和对外的竞争力，挖掘本土民族文化的精神内涵就显得尤为迫切。

活动建议

　　（1）请你梳理汉魏晋民族大迁徙的路径。

　　（2）写一篇小论文，论述汉魏晋民族迁徙的文化意义。

第 17 课　割据陇右与拱卫中原

思考提示：秦皇汉武西巡陇右，隗嚣攻汉与窦融归汉。隋炀帝西巡张掖，薛举、李轨割据失败，如何传承中原陇右统一文化？

秦皇汉武西巡陇右

古人以西为右，故称陇山（六盘山）以西为陇右，包括今天水市、平凉市、定西市、兰州市、过乌鞘岭的河西四郡，即武威、张掖、酒泉、敦煌四郡（今甘肃全境），以及西域都护府（今新疆大部）。历史上秦皇汉武都曾西巡陇右。

《史记·秦始皇本纪》载："二十七年，始皇巡陇西、北地，出鸡头山，过回中焉。"近年来，甘肃礼县大堡子山秦公墓地的发现，证实了史书记

秦皇汉武西巡陇右碑

载秦国故地就在今天的西汉水上游的礼县西和一带，即古西垂、西县等地。这里有秦国的先祖宗庙及陵墓，秦人的先祖早在夏商时代就居住在西垂，后来，秦国不断发展，地盘逐渐扩大，最后把都城从今天的西汉水上游平原迁到了今天的陕西关中，直到统一天下。所以，秦始皇在灭六国的第二年就来西垂故地祭奠先祖。

西汉元鼎五年（前112）至元封四年（前107），为了加强西北边防，前后五年内，汉武帝两次巡行陇右。《汉书·武帝纪》记载："（元鼎）五年冬十月，行幸雍，祠五畤。遂逾陇，登空同，西临祖厉河而还。"汉武帝从今东

华镇往西，经马峡乡登上陇山东坡，到达陇山之上的今宁夏泾源县。后从泾源县驻地香水镇溯香水河谷往西北，翻越六盘山，经由今宁夏泾源县、甘肃静宁县、会宁县，到今靖远县所在的黄河边上，这一段黄河就是《水经注》所说的祖厉河。

隗嚣攻汉与窦融归汉

隗嚣，字季孟，天水成纪（今甘肃秦安）人。出身陇右大族，青年时代在州郡为官，以知书通经而闻名陇上。王莽的国师刘歆闻其名，举为国士。刘歆叛逆后，隗嚣归故里。公元23年，隗嚣与其父隗崔、伯父隗义以及上邽（今甘肃天水）人杨广等三十一将纠集陇右地方大姓数千，举兵起事，攻杀

隗嚣

王莽天水郡守，占据平襄（今甘肃通渭西北）建立割据政权，与汉光武政权分庭抗礼。公元32年，汉光武帝采用军事进攻与瓦解营垒相结合的斗争策略，隗嚣败亡。究其原因，客观上违背历史发展潮流，主观上刚愎自用，拒绝纳谏，还有隗嚣政权上层领导集团内部的各种矛盾。

窦融（前16—62），字周公，扶风平陵（今陕西咸阳西北）人。新莽末至东汉时期军阀、名臣。后归刘玄，为张掖属国都尉。刘玄败，被推为大将军管理河西五郡。他在河西苦心经营，稳定社会，发展生产，实行"宽和"的民族政策，允许各少数民族民众参与姑臧市场的商品交易活动，促使河西五

窦融

郡出现了社会稳定、"仓库有蓄，民庶殷富"和"兵马精强"盛况，成为历史上西部区域开发的一个成功范例，很值得今天研究和借鉴。

次韵兖弟忠懿王祠

宋·苏颂

五君相继擅吴方，坐视群雄取乱亡。

侍子奔驰先入贡，邻邦旅拒独勤王。

岂惟佛刹传遗像，自有孙谋袭懿芳。

应似窦融归汉日，功名累世到瑰章。

隋炀帝西巡张掖

《隋书·炀帝纪》载："（大业五年六月）十一日次张掖。……十七日高昌王麹伯雅来朝，伊吾吐屯设等献西域数千里地，上大悦。……二十一日上御观风行殿，盛陈文物，奏九部乐，设鱼龙曼延，宴高昌王、吐屯设于殿上，以宠异之。其蛮夷陪列者，二十余国。"炀帝西巡，首先是为了安定西部边陲，彰显大隋的强盛和威仪；其次是为了打通丝绸之路，发展商业贸易，繁荣经济。此次西巡，设置了西海、河源、鄯善、且末四郡。这四郡之地，基本上包括了吐谷浑原有的领地。隋王朝为了维护这些新开辟的领地，保护丝绸之路的畅通，

陈希儒绘制的巨幅国画《隋炀帝西巡焉支山》

还大兴屯田。这四郡中的西海、河源二郡之地，基本上包括了今天青海的大部分地区，因此，炀帝西巡及其郡县的设置，标志着青海地区正式为中原王朝所管辖，这在中国历史上具有重大的意义。

薛举、李轨割据失败

《旧唐书》记载，薛举是河东汾阴（今山西万荣西）人。他的父亲薛汪，迁居到金城（今兰州）。隋大业末天下大乱，薛举占据陇西，"尽有陇西之地，众十三万"。公元617年（隋大业十三年），薛举在兰州自称秦帝。薛举称王后，其长子薛仁杲进兵围秦州，攻克后迁都于此。仁杲引军进攻扶风郡，袭破汧源割据势力唐弼，火并了唐弼十万之众，军队号称有二十万，准备进攻隋朝都城长安。李世民见薛举抛众，亲自率兵讨伐。薛举病死，仁杲继立，兵势日衰。李世民出其不意劲兵袭击，薛仁杲大败出降。唐军将薛仁杲及将帅数十人带到长安，全部斩首。陇西经过五年的战乱之后，到此纳入唐朝的统一版图。

庄严寺，兰州历史上最著名的寺院之一，位于兰州市城关区张掖路《兰州晚报》报社院内，初创于唐代，它的前身是隋末西秦霸王薛举的王府，后历经宋、明、清多次维修和改动，现存的壁画为明代壁画。1995年经省政府同意，采用易地保存的形式，对大殿的壁画采取了揭取、加固并回贴，历经10年时间，将庄严寺大殿壁画整体搬迁至五泉山。

当时在河陇地区与薛举毗邻割据的，还有建都于凉州的李轨政权。李轨，字处则，甘肃武威人。公元617年，李轨自称河西大凉王，第二年（武德元年），唐高祖李渊为了进攻薛举，遣使给李轨送来玺书，称李轨为从弟。十一月，李轨占河西（今甘肃河西走廊）五郡之地，改称凉帝，建元安乐，并遣人奉书给唐高祖，自称从弟、大凉皇帝臣轨。公元619年（武德二年）五月，唐高祖派安兴贵劝李轨降唐，安兴贵劝李轨降唐无效，遂与其兄户部尚书安修仁密谋，勾结胡兵发动兵变，城中人争相出来依附安兴贵，李轨见大势已去，携同妻子登上玉女台，饮酒告别，李轨被俘，送往长安与诸弟、诸子一同问斩。

> 兰州庄严寺
>
> 谭嗣同
>
> 访僧入孤寺，一径苍苔深。
> 寒磬秋花落，承尘破纸吟。
> 潭光澄夕照，松翠下庭荫。
> 不尽古时意，萧萧雅满林。

李轨

薛举父子从起至灭总共五年，李轨则只有三载。隋唐时期，无论是衰落的士族地主集团，还是发展起来的庶族地主集团，或是自耕农，都需要一个强大统一的中央政权。统一是历史发展的主流，建立统一的多族国家是广大人民的共同愿望，任何分裂割据、破坏统一、违背时代发展的要求和人民渴望统一的人，都将被历史发展的滚滚洪流所吞没。

■ **活动建议** ◆

（1）请你到张掖考察古丝绸之路万国博览会遗址。

（2）去五泉山公园西南隅的二郎岗考察复建后的庄严寺，感知庄严寺三绝——塑、书、画的特点。

第 18 课　五凉三秦两仇池的纵横捭阖

思考提示：魏晋南北朝时期的甘肃历史，重点就是五凉史、西秦史和仇池史。你知道五凉、西秦和仇池政权的割据时间、区域和人物吗？

五凉政权割据河西

十六国时期，甘肃河西地区（包括今青海的河湟一带）为前凉（301—376）、后凉（386—401）、南凉（397—414）、西凉（400—421）、北凉（397—439）五个割据政权所统治，史称"五凉时期"。在五凉政权统治的长达一百多年的时间里，河西地区社会安定、经济发展，文化空前繁荣。

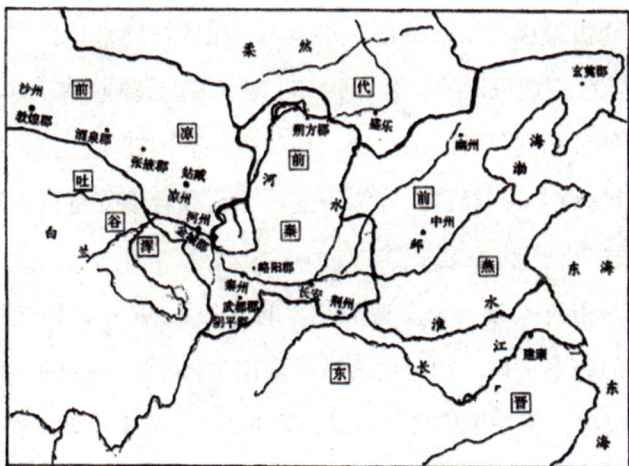

前秦、前凉、前燕、东晋并峙示意图

修文偃武、维护统一的前凉政权介于西晋衰乱到前秦统一北方之间，其奠

85

基者是出身于陇右官僚地主家庭的安定（甘
肃平凉市）人张轨。他先后在洛阳、长安为
官，以精通儒学、富有才干而显名晋室。他
目睹朝政日衰，天下将乱之局势，便想效法
窦融，到离京师较远的河西走廊安身立命，

凉造新泉发现于武威市

图霸一方。于是上奏朝廷，请赴凉州。他在凉州采取了一系统稳定社会、发
展经济的措施，还把十余万塞外鲜卑族移居河西一带，让其"务农桑，修邻
好"，为开发和建设河西做出了贡献。尤为突出的是结束了东汉末年以来"百
姓以谷帛为市"的状况，在凉州恢复货币流通，给河西经济的发展注入了活
力，为此后五百年间，河西经济一直居于北方各经济区的前列。公元376年，处
于强盛时期的氐族前秦政权派兵攻凉，凉王张天锡兵败出降，前凉政权灭亡。
前凉从张轨到张天锡五代九传，有国76年。

后凉的建立者是氐族人吕光。吕光是前秦太尉吕婆楼之子，略阳（今甘肃
平凉地区庄浪县）人，与苻坚是同乡。吕光是以氐人军事征服者的身份入据河
西的，在对河西的治理中，采用了严刑重罚和以军事征服为主的简单的行政措
施，使人才济济的河西出现了前所未有的沉闷局面。后来河西鲜卑秃发氏在湟
水流域，卢水胡沮渠氏在张掖临松，建康太守段业在酒泉、敦煌一带都树起了
反凉旗号，后凉政权危机四伏。公元403年，后秦派兵攻取姑臧，后凉王吕隆被
迫降秦。后凉从吕光到吕隆，前后历二代四主，有国18年。整个后凉时期，河
西地区政治上动荡不安，经济上停滞不前，文化教育不受重视，战乱不断，使
河西生产力的发展处于徘徊之中。

南凉政权是由鲜卑族人秃发乌孤建立的。公元396年，吕光为笼络日渐强
大、声威渐高的秃发乌孤，加封他为后凉征南大将军。此时的乌孤已看到了吕
光政权的衰败迹象，于是拒绝受命。当公元398年吕光被后秦大败退回姑臧后，
秃发乌孤乘机在青海西平（今西宁）称王，建立南凉政权。秃发乌孤称王后，
接连向西秦、后凉发动进攻，占据了河西大片土地。乌孤充分利用自己的政治
影响，广揽人才，兴办教育，实行汉化，推进政权建设，并于公元399年迁都青

海乐都。他模仿汉制，内设台省，外置郡县，建立起了以秃发氏为核心、以河西士人为骨干的南凉统治集团。公元414年，西秦灭南凉，秃发傉檀投降后被杀。南凉王朝疲于奔命，曾五次迁都，前后共传一代三主，有国18年。

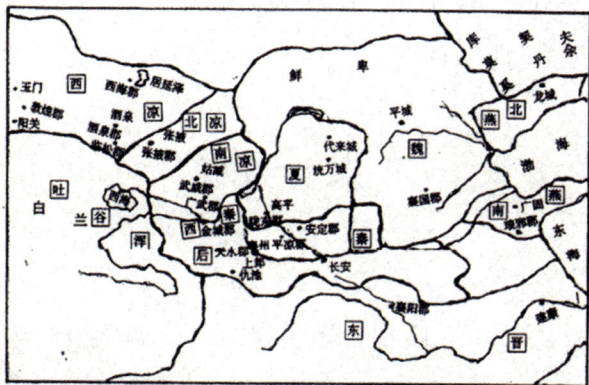

后凉、南凉、西凉、西秦、后秦、夏、东晋并峙示意图

　　差不多在南凉政权建立的同时，陇西狄道（今甘肃临洮）人李暠在敦煌建立了西凉政权。李暠是汉代名将李广第16世孙，生于姑臧。北凉时他在敦煌一带任职，受当地人士的拥戴，于公元397年被推举为敦煌太守。三年后，他拥兵自立，定都敦煌，建立西凉政权，励精图治，开拓疆土，实行屯田，振兴文教，西凉在政治、经济、文化等方面都呈现出一派兴旺景象。公元405年，李暠迁都酒泉，准备东征，实现河西统一，未果。公元420年最终败于北凉政权，灭亡。西凉传二代，有国21年。西凉地域狭小，统治范围主要是今天的酒泉、玉门、安西、敦煌等地，是五凉中唯一没在姑臧建都的政权。

　　北凉是卢水胡人沮渠蒙逊在河西建立的。沮渠蒙逊的父辈都在吕光部下任职，后被吕光听信谗言杀害。为了报仇，他聚众起兵反抗后凉，结果被吕纂所败，遂投奔建康（今甘肃高台）太守段业。段业于公元397年称凉王，定都建康，蒙逊自己任尚书左丞。公元401年，蒙逊杀段业，夺其王位，改年号为永安，迁都张掖。

　　在北凉政权建立时，河西地区形成了四凉一秦并立的局面。五个政权之中，北凉初建，地域狭小，处境较为不利。但蒙逊提倡农桑，减轻徭役，实行军屯，发展生产，增强实力。于公元410年击败南凉秃发檀，攻占姑臧，于次年迁都姑臧，继河西王位，改元玄始。公元439年，北凉灭亡，河西归魏。北凉从397年建国，历二姓三传，有国43年。北凉统治河西地区的规模和时间仅次于前凉，是五凉之中存在时间较长的一个政权，对凉州及河西地区的政治、经济、文化发展产生了重大而积极的影响。

西秦的沉浮

西秦为陇西鲜卑族乞伏国仁所建，都苑川（今甘肃兰州西固），国号"秦"，以地处战国时秦国故地为名。《十六国春秋》始用西秦之称，以别于前秦和后秦，后世袭用。公元385年，鲜卑酋长乞伏国仁在陇西称大单于，又被前秦封为苑川王，都勇士川（今甘肃榆中）。公元388年，其弟乞伏乾归立，称大单于，河南王，迁都金城（今甘肃兰州西）。公元400年国灭于后秦，公元409年复国，改称秦王，迁都苑川。乞伏炽磐又迁都枹罕（今甘肃临夏东北）。最盛时期，其统治范围包括甘肃西南部及青海部分地区。历四主，共37年。公元431年，被夏国所灭。

乞伏国仁

西秦政权连年与后秦、南凉、北凉、大夏等国进行战争，并将被征服地区的各族人民强制迁徙于其统治中心或军事要地。乞伏炽盘在位时，是西秦国力最强盛的时期，其疆域据《读史方舆纪要》记载，"西逾浩亹（今天甘肃兰州永登河桥），东极陇坻（陇山），北距河，南略吐谷浑"。

仇池政权割据陇南

仇池位于甘肃省东南部的西和县城南45公里处，《水经注》记载仇池山"上有平田百顷，煮土成盐，因以百顷为号。山上丰水源，所谓清泉涌沸，润气上流者也"。杨茂搜在此创立前仇池政权（296—371），杨定在此建立后仇池政权（385—443）。

仇池杨氏为白马氏（古代氐人的一支），汉代分布于甘肃南部和四川西北部。公元111年，汉武帝于其地置武都郡。东汉建安年间，杨腾率领部众迁到仇池定居下来。曹魏封杨千万为百顷氐王。西晋武帝封其孙子杨飞龙为西平将军，身份显赫。晋元康六年（296），杨飞龙养子杨茂搜率部落四千家迁到仇池，自号辅国将军、右贤王，氐族部众拥戴称王，始建前仇池国，自称仇池公，其辖地有武都、阴平二郡。公元371年，前秦皇帝苻坚遣将杨安攻仇池，城破之后，将氐族人迁徙到关中一带，前仇池国灭亡。

后仇池国

仇池国遗址

前秦瓦解时，苻坚女婿杨定率部众返回陇右，晋太元十年（385）自称龙骧将军、仇池公，招纳氐、汉民自立。四年后占领了天水、略阳、陇城、翼城等地，自号陇西王。晋太元十九年（394）与西秦乞伏乾归战，失败被杀。堂弟杨盛继位时，辖区只有武都、阴平两处城池，不久国土又扩张至汉中、祁山。公元443年，后仇池国为北魏所灭。

活动建议

（1）观看纪录片《河西走廊》，了解东晋十六国时期河西割据政权。

（2）请你去甘肃陇南考察仇池国遗址。

第 19 课　五凉文化

思考提示： 五凉文化具有鲜明的地域特色、民族特色、宗教特色，是中国诸地域文化系列中的一朵奇葩。你知道五凉文化形成的基本条件吗？主要的内容有哪些？

　　文化是人类创造的物质财富和精神财富的总和。十六国时期，社会动荡，战乱频繁，许多游牧民族纷纷登上政治舞台，为秦汉帝国形成的传统的一元文化格局注入了新鲜血液，中国文化以民族融合、人口迁徙、儒学统治地位的巩固及佛教和道教的广泛传播等形式向更为广阔的范围和地域扩展。河西则充当了承上启下、东西相承相启的文化运河角色。在这相承相启的过程中，自觉或不自觉地形成了具有浓郁地域特色、民族特色和宗教特色的五凉文化。五凉文化的内涵是丰富精深的。唐张九龄《益州长史叔置酒宴别序》云："前拜小司马，兼拥旄于五凉。"唐岑参诗《题金城临河驿楼》："左戍依重险，高楼见五凉。"《送李别将摄伊吾令充使赴武威，便寄崔员外》："马疾飞千里，凫飞向五凉。"五凉文化就是指建立在今甘肃西部的这五个政权在其发展阶段所创造的文化，是最具代表性的武威历史文化，它对整个中国历史文化有着杰出的贡献。

儒学兴盛

　　魏晋之前，凉州及河西一带的各民族主要过着"有城廓而不居，随逐水草庐帐为室，以肉酪为粮"的游牧生活，形成了颇具特色的游牧文化。这些民族都是马背上的民族，强悍骠勇，自恃强大，一方面看不起汉人的柔弱和惰气，一方面又羡慕汉文化的先进和精致。他们虽然可以称霸一方，称王建国，但主要是靠武力，马上可以打天下，却不能马上治天下，更何况中原已经有两三千年的文明史，文物典章辉煌灿烂，要想长久统治，就必须借助汉人的文化成果。

五凉时期，中原地区战乱不断，社会经济遭到极大破坏。大批中原有识之士为躲避战乱，纷纷潜入河西。他们或开馆延学，倡导儒学；或著书立说，弘扬传统文化；或辅佐王侯，出谋划策。

五凉时期的统治者不论是汉人还是少数民族，大都推崇儒学，倡导汉化教育。前凉张轨到任后所做的第一件大事，就是针对当时社会混乱、"学业沉陨"的状况，置崇文祭酒管理文化教育，"立学校以教九郡胄子（贵族后裔）五百人"，以起示范带动作用；同时还屡屡遣使持节，厚礼征聘境内知

武威文庙

名学者任职或讲学。这些措施奠定了五凉时期以敦崇儒学为基础的文化教育政策，其余四凉相沿不变。例如，西凉初建，即大兴学校，兴办教育，倡导儒学。北凉则尊孔读经于庙堂之上，沮渠蒙逊父子还数次遣使奉表江南刘宋王朝，求取大量经史子集，并向刘宋王朝献了不少河西学者的著作。

五凉时期学风兴盛的结果是培养和造就了一批有文武之才的官吏，这些官吏除在政治上有所作为外，对学术的传播和发展起到了强大的推动作用，其表现形式是私家著述之风颇盛。陈留人江式家族，寓居凉州七世，与五凉相始终，致力于家学传授，不仅为地方文化事业做出了贡献，而且保存了中原已成绝响的古文经学。此外，"河西著姓"逐渐兴起，如张、李、宋、索、段、令狐等，他们是集政治、经济、文化学术为一体的儒学世家，既高居统治地位，又是河西地域文化体系的代表。在这种政治文化氛围中，为数众多的学者士人纷纷在学术领域著书立说，发表见解，造就了凉州及河西历史上文化空前繁荣的局面。

凉州七城十万家

武威市，因雄才大略的汉武帝为彰显大汉帝国军队的"武功军威"而得名，自古以来武威就是"人烟扑地桑柘稠"的富饶之地。今天，武威享有"五凉古都""河西都会""西夏陪都""马踏飞燕故里""中国旅游标志之都"等美誉。

早在先秦，乌孙驻牧河西时，凉州就有人群聚落赤乌镇。匈奴逐走乌孙、月氏后，在赤乌镇的基础上修筑了姑臧城。汉置武威郡后，又修建了楼台、学堂、城阙及阅兵台等。对凉州城大规模的营建是从前凉开始的。前凉中期，一座规模宏大并具王都气象的新城崛起于西部大地。

张轨到凉州任职时，便以大手笔营建姑臧城。他在旧城基础上，由北向南筑有外、中、紫禁三座小城，在旧城外围又"增筑四城厢各千步……并城为五，街衢相通，二十二门"。张茂即位后，筑灵钧台，并在城内中段增筑了一座小城，称"内苑"，专门用于举行国家大典和祭祀祖先。张骏时，

雷台景区

继续修筑四城厢。姑臧城内最有名的一座建筑是张骏时筑的谦光殿，主殿巍峨壮丽，"画以五色，饰以金玉，穷尽极巧"；四面各有一座陪殿，东曰宜阳青殿（春宫），南曰朱阳赤殿（夏宫），西曰政刑白殿（秋宫），北曰玄武黑殿（冬宫），富丽堂皇，名扬海内。前凉之后，随着各代统治者对城市功能的完善和建筑的不断修缮，到前凉极盛时，达到了"姑臧七城"的宏大规模，这就是唐诗中"凉州七城十万家"的来历。

张氏以"拟于王者"的京都标准营建姑臧城，对后世的王都建筑产生了深远的影响。"姑臧七城"及城门名称来历多依汉制，采自我国传统阴阳五行命名，表现了"拟于王者而微异其名"的特点。另外，张氏修筑姑臧城，改变了

中国传统的宫南市北的王都建筑布局，创造了一反旧制的宫北市南的新格局。后来西凉王李暠的曾孙李冲父子受命为北魏政权规划营造洛阳新都时，就参照了姑臧城的模式，创造了洛阳格局，而洛阳格局又影响到东魏都城邺城和唐都长安的营建。简言之，我们今天看到的古代都城格局，其源头可追溯到五凉尤其是前凉张氏修筑的姑臧城。正是从这个意义上，一些史学家和建筑学家把五凉时的姑臧城称作中国王都的鼻祖。五凉时崛起的姑臧城代表了一种地域文明，凝聚着五凉文化的精髓。五凉统治者尤其是前凉张氏数代为创立万世之业而苦心经营的姑臧城，成为我国建筑史上的一大创举和五凉文化的杰作。

佛教兴盛

汉武帝经营西域之后，中西陆路交通十分畅通，商业贸易兴旺发达，使者往来非常频繁，为佛教的传播创造了条件。在西域的安息、康居、龟兹、于阗等地，佛教已广泛流行，而这些国家与汉朝和后来的五凉、三秦政权关系又非同寻常。佛教从西汉时期经武威传入内地，魏晋南北朝时期达到全盛。五凉时期，凉州佛教兴盛，寺院遍布各地，一时成为北中国的佛教盛地。五凉文化中已融入了浓浓的佛教色彩。

五凉时期统治者大都崇信佛教，讲经译经活动非常活跃。"凉州自张轨以来，世信佛教"，张轨的孙子张天锡还亲自主持佛经的翻译。后凉时期，鸠摩罗什在凉州寓居近二十年，弟子众多，使佛教传播达到高峰。就整体而言，五凉佛教的兴盛当推北凉。沮渠蒙逊笃信佛教，请了名贯西域、号为"大咒师"的僧人昙无谶在凉州主持大规模的译经活动。随着佛教的广泛传播，凉州境内也产生了不少高僧，如竺佛念、智严、宝云、道泰、道朗、慧嵩等，加上大量的寓居或过往僧人，他们跋涉西行，携经回国，聚众弘佛，从事译著，使佛教逐渐本土化。

佛教在北凉达到极盛。蒙逊并不满足于拜僧译经，他又在凉州南山开始进行大规模的凿窟造像活动，使河西石窟林立，居全国之冠。从凉州走出的一批石窟工匠大师如昙曜等直接促成了中原石窟的营建，并影响到中原石窟的风格，也使我们在今天有幸目睹诸如天梯山大佛的风采。自五凉时期兴盛起来的佛教千百年来经久不衰，一直影响着人们的思想和生活，成为五凉文化甚至中国文化不可分割的一部分。

活动建议 ◆

（1）讲讲五凉佛教的故事。

（2）去武威文庙了解有关内容。

第 20 课　陇西李氏文化

思考提示： 陇西李氏文化底蕴深厚，被誉为世界李氏之根，也是李氏发祥、成长、繁衍、迁徙之地，在长期发展过程中形成了被世界公认的陇西李氏文化。你知道陇西李氏文化的来龙去脉吗？

在悠久的历史长河中，巍巍陇山，泱泱渭水，孕育了内涵丰富、源远流长的陇西李氏文化。陇西是李氏文化的发祥地，是世界李氏的"郡望"。

陇西李氏文化兴起于周秦，显于两汉，盛于大唐。先秦至魏晋南北朝时期，陇西李氏的发展既有辉煌也有曲折，到唐朝李姓成为国姓，陇西成为皇姓的郡望，陇西李氏发展达到了最辉煌和鼎盛时期。李氏在历史上代有伟人，英贤辈出，周有老聃，秦有李斯，汉有李广，"秦王府十八学士""凌烟阁二十四功臣"等都有李氏英才，浩如烟海，数不胜数，特别是唐代李姓王朝的建立，使李姓氏族由中兴发展到大兴。今天，甘肃陇西是国内外李氏族人公认的李氏故里，而"陇西堂"则是海内外李氏宗亲熟知的朝觐圣殿。陇西李文化是与敦煌文化、天水伏羲文化、夏河拉卜楞寺藏传佛教文化齐名的甘肃四大文化之一。

李姓溯源，以官为氏

李氏远祖源于黄帝之孙颛顼高阳氏，颛顼生大业，大业生女华，女华生皋陶。皋陶为尧帝时执掌刑狱的"大理"官，子孙世袭其职为理官，以官命族，称为"理氏"。至殷纣时，理姓家族传到了理徵，理徵以直谏不容于纣，得罪而死。其妻契和氏携子利贞逃难于伊侯之墟（今河南安阳地区），食野果李子充饥维持生命，为了感谢李子的保命之恩及躲避纣王追缉，同时古代"理""里""李"同音通用，自利贞起改理氏为"李"氏，故皋陶为李姓血缘始祖，利贞为得姓始祖。春秋时期伟大的思想家、哲学家老子李耳著《道德经》八十一章五千言流芳百世，成为道家学派始祖，李姓始显。下传到九世孙李昙为秦国司空，李昙生四子：崇、辨、昭、玑。长子李崇仕秦，被封为陇西太守，即陇西房始祖，传下陇西李氏，陇西李氏自李崇开宗立派；四子李玑定居河北赵郡（今河北赵县），传下赵郡一房，为赵郡房始祖。这样就形成了以李崇为首的陇西房和以李玑为首的赵郡房，为李姓的两大支柱。后来陇西房又分为39房，赵郡房分为6大房。陇西李氏自此繁衍生息，建功立业，根深叶茂。汉朝飞将军李广、西凉武昭王李暠、柱国大将军李虎、唐太宗李世民等李姓后代在中国历史上均享有崇高威望，做出了杰出贡献。

肇基李唐，根深叶茂

唐贞观年间，太宗李世民诏令大臣岑文本、令狐德棻等历时六年编修《氏族志》，把全国姓氏分为九等，其中李姓为第一等甲，并在《氏族志》中御笔亲书"追本溯源"四个大字，意为木有本，水有源。

唐朝是中国封建社会的鼎盛时期，也是陇西李氏大发展的关键时期。生长于陇西成纪的李渊父子统率十万关陇军，逐鹿九州，一统天下，文治武功，至为煊赫。李世民大修《氏族志》，以李姓为天下姓氏之冠，并诏令天下李姓皆以陇西为"郡望"，对受封归降的显赫之士广赐国姓李姓，并在陇西县城西北角（巩昌镇一心村庙儿巷）修建李氏宗祠"李家龙宫"祭祀先祖。李氏族裔"得唐独厚"，创建伟业，唐太宗李世民的"贞观之治"、唐玄宗李隆基的"开元盛世"，为中华民族传统文化的大繁荣大发展建立了不朽功绩，也为陇西李氏树立了一座光彩斑斓的丰碑。有唐一代，李氏一族，英才济济，文臣武将，名士大儒，不胜枚举。《新唐书·宰相世系表》中记载，李姓担任过宰相的，赵郡有13人，陇西郡有10人；立过赫赫战功的大将有开国元勋李靖，中后期的李晟、李愬；诗人李白、李贺、李商隐称得起一代巨匠；传奇作家李朝威、李公佐、李复言给中国的小说创作奠定了基石，开拓了道路。此一时期，李姓人家的文治武功，至为煊赫，无怪乎李白开怀歌唱："我李百万叶，柯条布中州。天开青云器，日为苍生忧。"王勃也热情咏叹："陇西多名家，子弟复豪华……麟阁图良将，六郡名居上。"唐朝宗室是一个庞大的李姓族群，特殊的社会政治地位为他们创造了发展繁衍的优越条件，因而使李姓人口呈现出前所未有的兴旺景象。在中国历史上，李姓称帝者多达58人，先后建立了大成、西凉等12个政权王朝，但最为辉煌的莫过于唐王朝。

陇西郡望与"陇西堂"堂号

李世民登基后下诏天下，钦定李姓郡望为陇西。"郡望"指魏晋至隋唐时每郡显贵的世族，意即世居某郡为当地人所仰望（《辞海》郡望条）。南宋郑樵辑《通志》时在李氏源流的结语中说："故言李者称陇西。"中国台北出版的《李氏源流》一书中

称："李氏族繁衍布于四方,人口之多,为各氏族之冠,且吾族源出于一,凡吾国各地,所有李姓无不冠'陇西郡'三字,足证李氏家族肇始于陇西,源出于同血系,殆无疑义。"由此看来,世界各地均认为李氏的"根"在陇西,共尊"陇西"为郡望,"陇西堂"为堂号。陇西作为一种宗族的共同标识和世代相袭的郡望,其意义已经远远超出了地域的名称,而成为一种博大精深的文化现象,无怪乎散居世界各地的李姓同胞,对"陇西"二字怀有如此深切的亲情。

渡江南迁,散居各地

由于战乱、灾害、迁调、贬谪、游学、经商、避仇等多种原因,李姓人曾频繁地迁徙,从中原向四面八方流动。先从陇西迁往陕西、河北、山东、山西、河南等地;唐朝末期,大部分李氏渡江南迁到福建,再由福建宁化石壁迁徙到广东、浙江、江西等地,其中相当数量的远涉重洋迁到海外,几乎遍布全世界。李氏南迁的始祖就是宋朝的李火德,是闽西南和南方陇西李氏一大宗系,其后裔名人辈出。火德公八世孙李崇诚,任明渊阁大学士,十七世孙李光地任清朝宰相,二十三世孙李嘉诚为海外华人首富,二十六世孙李登辉是中国台湾原国民党主席,二十八世孙李光耀是新加坡前总理。李火德后裔遍布海内外,不仅福建、广东、浙江、香港、台湾等地的李氏家族多是其后裔,甚至远在美国、泰国、日本、加拿大、韩国、印度尼西亚、印度、菲律宾、马来西亚、缅甸、新加坡及欧洲各国的华侨李氏,也有不少是其裔孙。据1990年7月第四次全国人口普查,李姓约占全国汉族人口的7.9%,全世界累计超过一个亿,为中国第一大姓。

湖北阳新李氏宗祠有一副楹联:
我自陇西来,驻马东征,回首难忘桑梓地;
家依江北住,飞鸿南向,一联聊寄子孙心。
广东梅县的"陇西堂"廊柱上有一副楹联:

旋马家声远，犹龙世泽长。

唐朝大诗人李白称："白本陇西布衣，因家于绵"，"本家陇西人，先为汉边将"。

活动建议

（1）知家世之源远、祖宗之光烈，以嗣以续，绵绵延延而有兴焉！"木有本，水有源，我的祖先在哪里？"请大家考证一下你的姓氏渊源。

（2）材料。

李氏祖训：

明明我祖，汉史流芳，训子及孙，悉本义方，仰绎斯旨，更加推详。日诸裔孙，听我训章：读书为重，次即农桑，取之有道，工贾何妨；克勤克俭，毋怠毋荒；孝友睦姻，六行皆臧；礼义廉耻，四维毕张；处于家也，可表可坊；仕于朝也，为忠为良，神则佑汝，汝福绵长。倘背祖训，暴弃疏狂，轻违礼法，乖舛伦常，贻羞宗祖，得罪彼苍，神则殃汝，汝必不昌。最可憎者，分类相戕，不念同忾，偏伦异乡，手足干戈，我民忧伤。愿我族姓，怡怡雁行，通以血脉，泯厥界疆；汝归和睦，神亦安康，引而亲之，岁岁登堂，同底于善，勉哉勿忘。

读了李氏祖训有何启示？

第 21 课　吐蕃、回鹘文化进入甘肃

思考提示：你知道怛罗斯之战吗？此战之后，唐朝的政策发生了怎样的变化？吐蕃势力进入河西陇右后实行怎样的政策？影响有哪些？回鹘西迁，甘州回鹘为河西的发展做出了怎样的贡献？

怛罗斯之战

怛（音dá）罗斯在今天的哈萨克斯坦南部塔拉兹附近。怛罗斯之战是公元751年，唐朝与来自现在阿拉伯、信奉伊斯兰教什叶派的新兴阿拔斯王朝（即黑衣大食）的势力在包括昭武九姓国、大小勃律、吐火罗在内的中亚诸国相遇而导致的战役。怛罗斯战役是一场当时历史上最强大的东西方帝国间的碰撞，以唐军失败告终。这次战役之后，唐朝停止了向中亚地区的渗透，而将经营重点放回西域，西方的史学家将这一战役作为东西方文明碰撞的标志性事件。

怛罗斯

吐蕃文化在甘肃

吐蕃势力进入河西陇右，实行蕃化政策。《张淮深碑》记载，当时"河洛沸腾……并南蕃之化……抚纳降和，远通盟誓，析离财产，自定桑田。赐部落之名，占行军之额"，落蕃汉人从此不得不"形遵辫发，体美织皮，左衽束身，垂肱跪膝，内心衔怨含恨近百年而无路申屈"。《阴处士修功德记》中也有"熊黑爱子，拆褓裸以文身；鸳鸯夫妻，解鬟钿而辫发"的记载，由此可见，吐蕃统治者在敦煌地区以强硬的措施迫使汉人说蕃语、左衽而服、辫发、文身，甚至从婴儿就开始做起。吐蕃的这种蕃化政策，不仅限于沙州一地，而是在其占据的整个河陇地区推行。

敦煌是唐朝时期唐蕃文化交流的一个中心，是唐朝内地各族与边疆民族，特别是汉藏两族文化交流的桥梁和中介，在内地中原文化传入吐蕃地区，以及吐蕃文化融入汉文化的历史过程中，扮演了不可替代的重要角色。

敦煌文书是在甘肃省敦煌莫高窟发现的5至11世纪的多种文字古写本，多为卷轴式。北朝写本书法均带隶意，南朝及隋、唐、五代、宋写本则为楷书或草书。8世纪末，有木笔、苇笔书写的卷子。9世纪以后，出现经折装、册子本和木刻印本。总计现存卷式文书不少于58 600件，又有吐蕃文写经9648页及大量残片，为探讨藏民族的变迁提供了丰富的原始材料。

唐蕃古道起自长安（陕西西安），途经甘肃、青海，至逻些（西藏拉萨），全长三千余公里。整个古道横贯中国西部，跨越举世闻名的世界屋脊，联通我国西南的友好邻邦。唐蕃古道不仅是一条驰驿奔昭、和亲纳贡、贸易交流的官驿达道，更是一条承载汉藏交好、科技文化传播的"文化运河"。据《全唐书》记载，仅唐太宗贞观元年之后的两百余年间，藏汉民族沿着唐蕃古道密切交往，唐蕃使

臣相互往来就多达142次。至今在古道经过的许多地方，仍然矗立着人们曾经修建的驿站、城池、村舍和古寺，遗留着人们世代创造的灿烂文化遗存，传颂着数不清的反映藏汉人民友好往来的动人佳话。

从回鹘到裕固族

回鹘即回纥，由回纥改名而来。是中国的少数民族部落，分布于新疆、内蒙古、甘肃、蒙古及中亚的一些地区。回鹘的全盛时期为8至9世纪。公元743年，在唐朝的帮助下，回鹘灭突厥汗国，建立回纥汗国。公元788年，回纥改名回鹘。公元840年，回纥汗国为黠戛斯所破，回纥各部四处迁徙，其中一支投奔河西走廊。

回鹘人画像

在河西地区，甘州是回鹘人较为集中的聚居区，此外尚有散布在河西和陇右的诸多部落，见于记载的有贺兰山回鹘、秦州回鹘、凉州回鹘、合罗川回鹘、肃州回鹘和瓜、沙州回鹘等。据记载，在唐肃宗到唐宪宗的五十年间，唐王朝有7位公主嫁给回纥可汗，而回纥可汗向唐王朝进贡了宝马、貂裘等珍品。骨力裴罗复国后，遣使入贡，唐朝封他为奉义王，后又册封为怀仁可汗，真正确立了直至8世纪末的双方和好并相互支持的特殊关系。

裕固族自称"尧乎尔""西拉玉固尔"。在汉文史籍中，宋代时称其为"黄头回纥"，元称"撒里畏吾"，明称"撒里畏兀儿"，清称"锡喇伟古尔""西喇古儿黄番"等。中华人民共和国成立后，经过民族识别，统一族称为"裕固族"。1954年，肃南裕固族自治县和酒泉黄泥堡裕固族乡相继成立，裕固族开始了新的生活。

裕固族装束

　　裕固族为主体留下的物质文化遗产不是很多，值得一说的就是服饰文化，生活和文化传统形成了服饰上的审美标准，其中以精美工艺品而著称的"头面"最为精彩。"衣领高、帽有缨"，是裕固族服饰的一大特点，其服饰的样式、花色、刺绣图案、花纹都按其民族习惯形成并代代相传。民间流传着"水的头是泉源，衣服的头是领子""帽无缨子不好看，衣无领子不能穿"的民歌。裕固族妇女的帽子，特点非常鲜明。

　　裕固族文字已经失传，但是裕固族祖先在历史上用回鹘文创造了大量的文献资料。19世纪末20世纪初，由于甘肃敦煌藏经洞的发现，其中就有一部分回鹘文文献。敦煌出土的回鹘文献约占全部（包括新疆）出土的回鹘文献的三分之一，这些回鹘文献是裕固族珍贵的历史记忆遗产。回鹘文大元肃州路也可达鲁花赤世袭之碑，现存甘肃省酒泉市博物馆，碑文用汉文和回鹘文书写。

活动建议

　　（1）参观敦煌市博物馆，观摩藏经洞出土的敦煌藏文文献，体会敦煌吐蕃文化的独特性。

　　（2）到甘肃酒泉市博物馆考察。

第 22 课　甘肃传奇文化与边塞诗文化

思考提示：你知道甘肃传奇文化的核心吗？了解甘肃边塞诗文化吗？

传奇文化

在古老的陇西县城中心，高耸入云的威远楼后面新开辟的文化广场正中，有一座洁白的"龙女牧羊"的塑像，看着栩栩如生的龙女形象，不由让人想起李朝威和他的名作《柳毅传》。

中国小说的发展，上溯先秦两汉的神话、寓言，再经魏晋六朝的搜神志怪，到唐朝又有传奇兴起。唐传奇多为文人有意创作，开始比较深入地描写丰富的社会生活，这是小说这种文学体裁趋于成熟的标志。在唐朝传奇作家辈出、名作如林的时代，甘肃的小说家就有李朝威、李公佐、李复言、

李朝威石像

牛僧孺、皇甫枚等，尤其是李朝威的《柳毅传》非常引人注目，这是一篇影响巨大的传奇佳作。鲁迅先生在他的《中国小说史略》指出的："唐人传奇遗留不少，而后来煊赫如是者，惟《莺莺传》及李朝威《柳毅传》而已。"

李朝威（约766—820），唐朝陇西（今甘肃东南部）人，著名传奇作家，与李复言、李公佐合称"陇西三李"。他的作品仅存《柳毅传》和《柳参军传》两篇。他也被后来的一些学者誉为传奇小说的开山鼻祖。

《柳毅传》是一个描写爱情的神话故事。说的是在唐代仪凤年间，有个落

第书生名叫柳毅，在回乡途中路过泾阳，遇见龙女在荒野牧羊。龙女向他诉说了自己受丈夫和公婆虐待的情形，柳毅出于义愤，替她投书，带信给他父亲洞庭君。洞庭君之弟钱塘君闻知此事大怒，去泾阳杀死侄婿救回龙女。钱塘君深感柳毅为人高义，就要把龙女嫁给他，但因言语傲慢，遭到柳毅的严词拒绝。之后柳毅续娶龙女的化身范阳卢氏，两人终成眷属。

篇中人物形象，以柳毅和钱塘君最为突出。作者赋予柳毅的优良品质，既体现了一种见义勇为、忧人之忧、施不望报的侠义思想，同时又体现了威武不屈的坚强性格。作者笔下的钱塘君是刚肠激发、叱咤风云的人物，象征着钱塘江怒潮的汹涌澎湃。龙女的形象则是一个中国封建社会里善良多情的少女化身，她不受封建婚姻制度的束缚，坚决追求自由幸福，她的身上反映出当时生活中妇女为争取自身美好前途的热望和精神。作者对不合理的残酷的封建婚姻制度做了严正的批判，对婚姻自主则大加宣扬。

《柳毅传》对后代戏剧的影响很大。远在唐末，已有根据本篇而作的《灵应传》；金人更摭取来作杂剧，董解元《弦索西厢》里已经有"也不是柳毅传书"的话语；元代尚仲贤更演为《柳毅传书》的剧本，又翻案而成《张生煮海》；明代黄说仲有《龙箫记》，许自昌有《橘浦记》；清代李渔有《蜃中楼》，都从本篇取材或翻案而编成的。在诗歌里把这一故事作为典故用的也不少，如何仲默即有"旧井潮深柳毅词，封书谁识洞庭君"之句。后世也有不少仿制的龙女和世人的人神爱情故事的产生，如著名的《聊斋志异》里就有好几篇类似的作品。直到现代，评剧里有《张羽煮海》，越剧和京剧里也有《龙女牧羊》。这一动人的人神恋爱的故事，已经成为不同剧种中传统剧目之一了。

相关链接

国家邮政局于2004年7月17日发行了志号为2004-14T的《民间传说——柳毅传书》特种邮票1套4枚。分别是：80分 龙女托书；80分 传书洞庭；80分 骨肉团聚；2元 义重情深。同日发行了小本票编号为（27）2004的《民间传说——柳毅传书》特种邮票，本票1本。

边塞诗

边塞诗是唐代诗歌的主要题材，是唐诗当中思想性最深刻、想象力最丰富、艺术性最强的一部分。在那一首首荡气回肠的古代边塞诗中，我们将目光投向甘肃天高地阔的苍茫原野。这里的莽莽大漠、座座雄关，仿佛是一条走向历史纵深处的长廊，时空在此地交错，血脉在此地融合。如今，千年已过，一道道时光的身影，一篇篇神秘的传说，都永远定格在历史的封泥中。

在这里，我们再次感受秦关汉月的悠远和苍凉，品味孤烟落日的旷远、黄沙白雪的壮丽、金戈铁马的豪情与葡萄美酒的香醇。在韵味无穷的诗卷中，在多姿多彩的歌舞中，循着蔓延的文化根脉，诉说陇原大地上绚烂的崭新篇章。

关山月（节选）

唐·李白

明月出天山，苍茫云海间。

长风几万里，吹度玉门关。

这里的天山就是指高入云霄、气势磅礴的祁连山，遥望祁连山头那轮浸泡过霜雪的冷月，令人浑身发紧，感受到时空的旷远岑寂，激荡起雄浑悲壮的情感。这吹度万里的凛冽长风，卷起那缕缕的归乡情思和隐隐约约的感叹，全都汇集在这深锁禁锢的玉门关前。

凉州词（又名《出塞》）

唐·王之涣

黄河远上白云间，一片孤城万仞山。

羌笛何须怨杨柳，春风不度玉门关。

凉州词不是诗题，是凉州歌的唱词，是盛唐时流行的一种曲调名。开元年间，陇右节度使郭知运搜集了一批西域的曲谱，进献给唐玄宗。玄宗交给教坊翻成中国曲谱，并配上新的歌词演唱，并以这些曲谱来源地的地名为曲调名。后来许多诗人都喜欢这种曲调，为它填写新词，其中最有名的是王之涣的《凉州词》，又名《出塞》。古代所指的凉州就是现在的甘肃省武威市。

这首诗生动地描绘了西北边塞的壮美风光。伫立在地广人稀的西北大地上，面对那莽莽苍苍的戈壁瀚海、崔巍高耸的皑皑雪峰，不免会感受到那天高地迥的广袤无限，体验到自然的雄奇与人类的渺小，心中油然升起"念天地之悠悠，独怆然而涕下"的情怀。

送张献心充副使归河西杂句（节选）

唐·岑参

云中昨夜使星动，西门驿楼出相送。

玉瓶素蚁腊酒香，金鞭白马紫游缰。

花门南，燕支北，张掖城头云正黑，送君一去天外忆。

这里提到的张掖是河西四郡中的重镇，又称甘州，甘肃的"甘"即由此而来。这里自古以来就是著名的"塞上粮仓"，林茂粮丰，瓜果飘香。

凉州词

唐·王翰

葡萄美酒夜光杯，欲饮琵琶马上催。

醉卧沙场君莫笑，古来征战几人回？

诗虽极写戍边者不得还乡的怨情，但写得悲壮苍凉，澎湃着盛唐贲张有力的脉搏，表现出诗人广阔的心胸。即使写悲切的怨情，也是悲中有壮，悲凉而慷慨。诗中可看到当时边防将士在乡愁难禁时，也意识到卫国戍边责任的重大，方能如此自我宽解。

横亘西北千里的甘肃，是一条引导人们走向历史深处的文化长廊，她独特的边塞文化被西北凛冽的长风深深镌刻在陇原大地上。

活动建议

请你搜集有关传奇和边塞诗的内容，制作一期手抄报。

第 23 课　论学风陇人不与流俗同

思考提示：甘肃是中华文明主要发源地之一，具有灿烂的文化和艺术。秦汉时期，甘肃先后出现了李陵、王符、秦佳、徐淑、皇甫谧、侯谨、赵壹、张昶等一批在中国文化发展上做出过一定贡献、产生过积极影响的人物，其中影响较大的有王符、皇甫谧和赵壹。

思想家王符

王符（约85—约163），字节信，汉族，安定临泾（今甘肃镇原）人，东汉政论家、文学家、进步思想家。他一生隐居著书，崇俭戒奢，王符著书"以讥当时失得，不欲章显其名"（《后汉书·王符传》），故所著之书名为《潜夫论》。今存本35篇，《叙录》1篇，共36篇，虽有脱乱，但大致仍属旧本。全书以《赞学》始，以《五德志》叙帝王世系、《志氏姓》考谱牒源流而终。

王符

王符在思想上"折中孔子，而复涉猎于申、商刑名，韩子杂说"（汪继培《笺〈潜夫论〉序》），大致以儒为体，以法为用，所以《文心雕龙》归之"诸子"，而《隋书·经籍志》则入于"儒家"。《潜夫论》反映出王符的思想是一个复杂的综合构成，其主流是孔孟的儒家思想，掺杂了一些道家和法家思想。

王符于《潜夫论·务本》篇中，明确地提出了"为国者，以富民为本"的观点。怎样才会使民富呢？他说："国之所以为国者，以有民也；民之所以为民者，以有谷也；谷之所以丰殖者，以有人功也；功之所以能建者，以日力也。"这是对先秦以来富民思想的继承和发展。他还指出要实现民安国富的目标，必须革新吏治。他认为"威奸惩恶，除民害"必须立法，同时"导之以德，齐之以礼"。这种德主刑辅、以法助教的观点是非常进步的。

王符非常重视"正学"（即教育）问题。强调以"正学"作为一项基本的国策。《务本》篇记载："夫为国者，以富民为本，以正学为基。民富乃可教，学正乃得义，民贫则背善，学淫则诈伪，入学则不乱，得义则忠孝。故明君之法，务此二者，以成太平之基，致休征之祥。"他把正学与富民作为治道的两大问题，把正学作为一项基本的国策，认为只有重视和办好教育，民众才能走正道，国家才兴旺发达。王符还特别强调人的后天教育的重要性。他说："士欲宣其义，必先读其书。""教之以明师，文之以《礼》《乐》，导之以《诗》《书》，赞之以《周易》，明之以《春秋》。"

王符对充实边疆消除祸乱也有独到的见解，他主张优待移民，奖励生产，轻徭薄赋，选贤授官，"如此，君子小人各有所利，则虽欲令无往，弗能止也。此均苦乐，平徭役，充边境，安中国之要术也"（《边实》）。为了纠正时弊，王符在《浮侈》篇中对那些豪族权贵骄奢淫逸的生活给予了无情的抨击，斥责他们对婚丧"务崇华侈"，使得"风俗陵夷"。

王符继承了汉代文学的优良传统，所著文章文笔优美，观点鲜明。清人刘熙载在其著作《艺概》中说："王充、王符、仲长统三家文，皆东京之佼佼者。"

相关链接

考　绩

王　符

群僚举士者，或以顽鲁应茂才，以桀逆应至孝，以贪饕应廉吏，以狡猾应方正，以诔诡应直言，以轻薄应敦厚，以空虚应有道，以嚚暗应明经，以残酷应宽博，以怯弱应武猛，以愚顽应治剧，名不副实，求贡不相称。

平民学者皇甫谧

　　皇甫谧（215—282），名静，字士安，自号玄晏先生，安定朝那（今甘肃平凉，一作灵台）人，著名学者，在文学、史学、医学诸方面都很有建树。古人曾赞云："考晋时著书之富，无若皇甫谧者。"（李巨来《书古文尚书冤词后》）

甘肃省灵台县皇甫谧墓

　　皇甫谧在原有医学理论的基础上，广泛阅读各种医学书籍，将《灵枢经》《素问》《明堂孔穴针灸治要》三部书中的针灸加以整理归纳，使其"事类相从，删其浮辞，除其重复，论其精要"，编成《针灸甲乙经》，成为我国医学史上第一部针灸学专著，为历代研习针灸学的必读课本。《针灸甲乙经》对后世影响非常大，晋以后的许多针灸学专著，大都参考此书且没有超出它的范围。唐代医署开始设立针灸科，并把《针灸甲乙经》作为医生必修的教材，而唐代医家王焘再三强调此书"是医人之秘宝，后之学者，宜遵用之"。《四库总目提要》盛赞皇甫氏这部著作"与《内经》并行，不可偏废"。现在我国的针灸疗法，虽然在穴名上略有变动，但原则上仍参考此书。一千七百多年以来，它一直在为针灸医生提供临床治疗的具体指导和理论根据。此书一传到国外，便受到各国尤其是日本和朝鲜同行的重视。公元701年，日本法令《大宝律令》明文规定，《针灸甲乙经》是医生的必读教材之一。

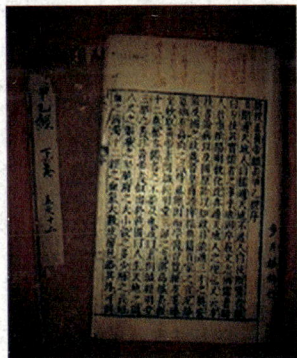

《针灸甲乙经》

　　皇甫谧广采百纳，博据考稽，建树史学，完成了《帝王世纪》《年历》《高士传》《逸士传》《列女传》《郡国志》《国都城记》等文史著作。对三皇五帝到曹魏数千年间的帝王世系及重要事件，做了较为详尽的整理，在史前史研究领域进行了大胆的探索和尝试，把史前史的开端推到了"三皇"时代。对前人以及《史记》中语焉不详的历史事实尤其是"三皇五帝"的世系纪年及重大活动进行了补充和考证；对历史上地方名称的前后变更及一个民族或王朝迁徙地名的变化做了较详尽的考证；第一次对历代土地、人口情况进行了较为详尽的统计和分析，整理保存了许多宝贵的资料；将历史人物放到一定的社会历史条件下进行考察，肯定了历史人物在历史前进中的作用。因此，清代历史学家钱熙祚在《帝王世纪序》中曾评价"皇甫谧博采经传杂书以补史迁缺，所引《世本》诸子，今皆亡逸，断璧残圭，弥堪宝重"。

皇甫谧在文学领域独树一帜。《皇甫谧集》《玄晏春秋》《鬼谷之注》，玄守、释劝、笃终三论，高士、列女等传，《三都赋序》，并诗诔赋颂，藏珍纳萃，字字珠玑，不仅故事性强，思想性和艺术性也俱佳，对后世文学的发展起到了很大的积极作用。

皇甫谧所著的《释劝论》表达了朴素的辩证法思想。

赵壹

赵壹，约生于汉顺帝永建年间，卒于汉灵帝中平年间，字元叔，汉阳郡西县（今天水西南）人，东汉辞赋家。赵壹是东汉时期与书法家敦煌人张芝，思想家镇原人王符齐名的陇上三大家之一。

《后汉书》本传说赵壹著赋、颂、箴、诔、书、论及杂文十六篇。《隋书·经籍志》载梁有《上计赵壹集》二卷，录一卷，至隋已佚。幸存的有《穷鸟赋》《刺世疾邪赋》《报皇甫规书》《非草书》及《迅风赋》《解摈赋》和《报羊陟

赵壹

书》的残句。赵壹的赋，揭露社会问题之深刻、感情之激烈，在汉赋作家中绝无仅有。赵壹的赋在艺术形式上有独到之处，篇幅短小，陈铺夸饰之风尽弃，从此以后，铺陈叙事的汉大赋逐渐为抒情小赋所代替，赵壹就是著名的抒情小赋大家。

赵壹还是我国书法史上最早的书法评论家。他的代表作《非草书》一文中论草书的产生、特征与在当时的流弊，体现了历史的观点和经世致用的思想，是至今仍有启发意义的学术论文，是我国古代书法史上最早评论书法的重要文献。

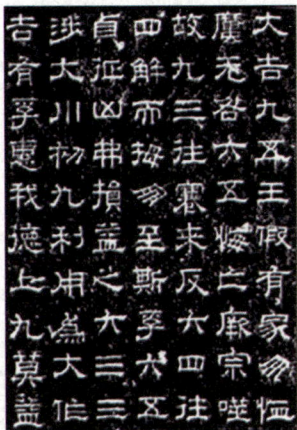

赵壹《非草书》碑文

这些思想家、文学家、艺术学犹如璀璨的明星闪烁在陇右文化的历史长河中，将代代流传下去。

相关链接

秦嘉和徐淑

秦嘉和徐淑是中国文学史上为数不多的夫妻诗人。秦嘉夫妇存诗中，《赠妇诗》最著名，其中表达夫妻恩爱，絮叨衷情，如同对晤，明白如话，真实动人。

赠妇诗（其三）

肃肃仆夫征，锵锵扬和铃。清晨当引迈，束带待鸡鸣。

顾看空室中，仿佛见姿形。一别怀万恨，起坐为不宁。

何用叙我心，遣思致款诚。宝钗好耀首，明镜可鉴形。

芳香去垢秽，素琴有清声。诗人感木瓜，乃欲答琼瑶。

愧彼赠我厚，惭此往物轻。虽知未足报，贵用叙我情。

活动建议

查阅资料，列举一位甘肃历史上曾为中国文化发展做出过一定贡献、产生过积极影响的历史人物，并讲出他的历史贡献。

第三单元

藏风回尘

——甘肃华夏文明的失落与随转

（宋元明清）

第 24 课　王夫之谈 "地气东南徙"

思考提示：王夫之《思问录·外篇》说 "地气东南徙"，华夏文明的地理走向为从西到东和从北到南。尽管甘肃从中心走向边缘，但甘肃还是涌现了一批才华横溢的学者和作家，嘉木样协巴、"二澍" 和吴镇是他们中间的典型代表。

王夫之谈 "地气东南徙"

王夫之在《船山思问录·外篇》中说："宋之去今五百年耳，邵子谓南人作相，乱自此始，则南人犹劣于北也，洪、永以来（明太祖洪武朝、成祖永乐朝），学术节义，事功文章，皆出荆、扬之产，而贪忍无良、弑君卖国、结宫禁、附宦寺、事仇雠者，北人为尤酷焉。则邵子（邵雍）之言，验于宋而移于今矣。今且两粤、滇、黔，渐向文明，而徐、豫以北，风俗人心，益不忍问。地气南徙，在近小间有如此者。推之荒远，此混沌而彼文明，又何怪乎？"

从宏观的历史上看，"地气南移" 描述了政治、经济、文化中心，或者说 "战略基点" 的向南迁移。汉唐时代，黄河流域的文化优势十分明显；北宋时代，尽管中国文化中心南移的趋势已经不可逆转，但中央政府仍然采取 "竭三吴以奉西北" 的政策，以遏制文化中心的转移。从唐代开始，福建泉州的学风已经兴起，历宋、元、明、清而日渐兴盛，终成我国东南沿海学术重镇，在朱熹的影响下成为 "闽学中心"。南方形成五大学风盛地，四川眉江、资江流域的蜀学，湘江流域的湖南学，赣江流域的陆学，钱塘江流域的浙学和闽江流域的闽学。尽管华夏文明的地理走向为从西到东和从北到南，甘肃从中心走向边缘，但甘肃还是涌现了一批才华横溢的学者和作家，嘉木样协巴、"二澍" 和吴镇是他们中间的典型代表。

嘉木样协巴

"嘉木样协巴"意为"文殊欢喜"，真名叫华秀阿旺宗哲（1648—1721），夏河甘家滩（今甘肃夏河）人，是清初著名的藏族学者和拉卜楞寺的创建者。

嘉木样协巴

嘉木样协巴13岁时出家为僧，21岁到拉萨求学深造，27岁时在五世达赖座前受具足戒，29岁时进入拉萨上、下密院，深造密宗法典，达到西藏佛学的最高学阶，成为"显密兼通"的权威人士。

1708年，嘉木样协巴主持兴建了宏伟的拉卜楞寺。后经历代嘉木样大师和各大活佛的不断扩建和完善，拉卜楞寺发展成为一个拥有占地面积866 000平方米，建筑面积40余万平方米，主要殿宇90多座，僧舍10 000多间和六大扎仓（学院），以及诸类佛殿、众多

拉卜楞寺

活佛宫邸及讲经坛、法苑、印经院、佛塔、嘉木样大师别墅等的宏伟建筑群。鼎盛时期有僧侣3600余人。拉卜楞寺所属寺庙有139处，教权范围达甘、青、川、康、蒙古、东北及新疆等地域。它不仅成为佛家神圣的宗教禅林，而且是传播知识的综合性学府，也是整个安多地区藏民族的文化艺术中心。

1720年，康熙册封嘉木样协巴为"扶法禅师班智达额尔德尼诺门汗"，赐给金敕金印。

嘉木样协巴的著述很多，主要有《因明疏》《因明探讨》《俱舍论疏》《律经疏》《怖畏金刚解》《生起次第自在成就法》《圆满次第四种瑜伽文殊

117

解》《宗派纲目》《宗派纲目详解》及《佛历表》等。

由于嘉木样协巴是一位学识渊博的大师，对黄教贡献巨大，被奉为拉卜楞寺的活佛，他逝世七年后，形成一个活佛转世系统。

陇上"二澍（shù）"

清代中叶，甘肃武威和武都各有一位名叫"澍"的才子，他们就是被人们称为陇上"二澍"的张澍和邢澍，闻名全国，著作等身。

张澍（1776—1847），字百瀹，号介侯，甘肃武威人。19岁中举人，24岁中进

张澍摩崖题刻

士，入翰林充实录馆纂修，是乾嘉时期著名的经学家、史学家和金石学家，为清代中期甘肃学者之翘楚。

张澍著作丰富，主要成就在史学方面，尤其是姓氏学。关于姓氏之学，他著有《姓氏五书》，即《姓韵》《辽金元三史姓氏录》《姓氏寻源》《姓氏辩误》及《古今姓氏书目考证》等。这五本书，是姓氏学方面的巨著，《清史稿》称之为"绝学"。有关方志方面，张澍很重视地方志的编纂，由他主持重修的县志有《屏山县志》和《泸溪县志》；他自己编纂的有《大足县志》和《凉州府志备考》。《凉州府志备考》是继张昭美《五凉考治六德集全志》行世以后关于凉州的又一部完整的府志。此外，他还编纂了《续黔书》和《蜀典》。关于金石之学，张澍写了不少金石题跋，都收在《养素堂文集》内。他喜欢游览并搜寻石碑，史料价值较高的现全国重点文物保护单位重修护国寺感应塔碑就是他首先发现的。关于辑佚方面，张澍编辑的《二酉堂丛书》《诸葛忠武侯文集》是较有名的。他编辑的《诸葛亮集》，在明、清人所辑的十几种里是最好的一种。

张之洞在《书目答问》附录《国朝著述诸家姓名略》中，将张澍列为经学

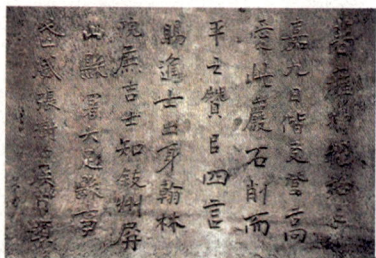

家、史学家、金石学家；梁启超也在《近代学风之地理的分布》中说："整个清代二百六十八年中，就甘肃来说，以他（张澍）卷帙浩繁。"

邢澍（1759—1830），字雨民，甘肃阶州（今甘肃陇南武都）人，21岁中举人，32岁中进士，是清代乾嘉时期著名的史学家、史志目录学家、金石学家、诗人。在江南二十余年的学术仕宦生涯，打开了陇右通往关内的文化交流之门。

邢澍的著述主要有《金石文字辨异》《关右经籍考》《寰宇访碑录》《南旋诗草》《守雅堂诗文集》《长兴县志》《全秦艺文录》《两汉希姓录》《旧雨诗谭》《十三经释天》等16种。都具有相当高的学术价值。张之洞《书目答问》的附录《国朝著述诸家姓名略》中，把他列为金石学家。他在《武阶备志序》序文里指出，不仅要读书本，而且要读石刻；不仅要读文字记载，而且要亲自调查访问；不仅要知识丰富，而且要见识通达。他主张的书本与石刻互证的方法就是实事求是的治学方法。

邢澍之墓

邢澍在从政、治学的同时，还注重对人才的培养。清仁宗嘉庆三年（1798），他任浙江乡试同考官，他推荐的张廷济考取了举人第一名，后来张廷济成为全国闻名的金石学家。

邢澍不仅学问好，而且诗也写得非常好，著名学者钱大昕曾给他写过一首诗，其中说："才兼八斗方成富，业可千秋不自尊。"对他给予了很高的评价。

《甘肃通志》中说，邢澍"精天文地舆之学，善治大狱，发奸摘伏，皆神效。而行政利人，所至有青天之称"。

舟行纪事

邢澍

耳目磨炼生智慧，格物何必皆读书？

老兵知战农知岁，吾曹博览恐弗如。

临洮吴镇

松崖先生像

吴镇画像

吴镇（1721—1797），字信辰，号松崖，别号松花道人，出生于狄道（今临洮）城内的菊巷。

吴镇博学多识，长于文章，精于古诗词。他一生写了大量的古诗词，保留下来的有一千多首，这些诗词大多收录在《松花庵全集》《松花庵诗草》《兰山诗草》等集子中，曾写过十首《我忆临洮好》。

吴镇于59岁返回故里，后受陕甘总督福安康的聘请主讲兰山书院长达八年之久。

袁枚是清代著名诗人学者，著有《随园诗话》。由于吴镇写的诗"新妙奇警，夺人目光"，袁枚对他相当赞赏。虽然他们没有见过面，但袁枚认为，他是"西州骚坛执牛耳者"。袁枚将他和潼关杨子吴、三原刘绍邠、秦安胡静庵合称为"关西四杰"。

活动建议

（1）去甘南夏河拉卜楞寺参访。

（2）去临洮县城吴镇的故居参访。

第 25 课　西夏文物河西多

思考提示：党项故里在甘南，西夏立国在河西，西夏人重修莫高窟，凉州有西夏碑，黑水城发现西夏文书。党项遗民在何方？如何传承甘肃西夏文化？

甘肃武威（历史上被称为凉州），历史悠久，文化灿烂，在中国历史上占有非常重要的地位。尤其是在西夏立国后，武威是西夏的陪都，其地位与西夏都城兴庆府（今银川）属于同一级。在甘肃的河西地区，留下了许多重要的西夏文物古迹，迄今为止，武威发现的西夏文物在全国数量最多。甘肃武威为什么在西夏历史上具有如此重要的地位呢？

党项族与西夏

党项族是中国古代西北民族羌族的一支，南北朝末期（6世纪后期）开始活动于今四川、西藏、青海、甘肃交界一带的辽阔草原上，一直过着游牧生活。唐初崛兴于西藏高原上的吐蕃王朝，日益向外扩张，北上并灭了吐谷浑，并侵袭威逼党项族。散居在今甘肃南部和青海境内的党项部落被迫逐渐迁

西夏分布图

徙到甘肃庆州、陕西夏州一带。居住在庆州（今庆阳）一带的党项部落叫东山部落，居住在夏州（今靖边）一带的叫平夏部落，他们都依附于唐朝。唐朝末年，党项平夏部参加了对黄巢农民起义军的镇压，因作战有功，其酋长拓跋思

恭被封为定难军节度使，赐给李姓，爵号夏国公。从此以后，夏州拓跋氏称李氏，统辖夏、绥、银、宥四州之地，成为藩镇割据势力。北宋初年，党项族的势力不断发展壮大。1036年，李元昊相继攻取了甘州（今张掖）、瓜州（今安西）、沙洲（今敦煌）、肃州（今酒泉）和凉州（今武威），完全控制了河西走廊和河西地区。1038年，李元昊正式称帝，国号大夏，定都兴庆府（今宁夏银川）。西夏国力强盛时，地域辽阔，辖境约为今宁夏全部、甘肃大部、陕西北部、青海东部和内蒙古部分地区，面积约83万平方公里。

武威地区，在祁连山冰雪融水的滋润下，拥有着亦耕亦农的良好的自然条件。"水草丰美，畜牧孳息"，为西夏王朝提供着赖以生存的粮食、马匹、牛、羊、骆驼等，成为西夏畜牧业和农业的重要基地。武威地区还是西夏著名的酿酒中心，被誉为西夏的"酒都"。此外，武威在西夏对外贸易、物资转运、政令传达及内部交流等方面都起着重要的交通枢纽的作用。

西夏文物河西多

甘肃河西地区是西夏国一块重要的疆土，西夏国在河西地区也留下了众多历史遗迹和文物古迹，如现存敦煌莫高窟内的西夏风格洞窟，武威文庙内的"西夏碑"及黑水城文书等。

西夏在统治敦煌期间，对敦煌莫高窟进行了大规模的改造和重修，对前朝遗留下来的已经破败的壁画和塑像重新制作。现如今，莫高窟依然保存着内容完整的西夏风格佛教艺术洞窟20多所。

敦煌莫高窟第328窟东壁的西夏供养菩萨邮票

西夏国的历代君主都是虔诚的佛教信仰者，他们提倡"以浮图安疆"，希望借助佛教来巩固党项族在西夏的统治。因此，在西夏境内，凡是佛教寺院和石窟，西夏统治者都会加以保护，同时对破败的寺院和石窟还会进行妥善维修和重建。

西夏碑

凉州"重修护国寺感应塔碑"，俗称"西夏碑"，是西夏天佑民安五年（1094）建的，碑高约2.6米、宽1米、厚30厘米。正面碑身刻有西夏文楷书28行，每行65字碑铭，背面是汉文碑铭，两种文字相互对照，记叙了凉州护国寺感应塔的情况，是迄今所见保存最完整、内容最丰富、西夏文和汉文对照字数最多的西夏碑刻。原置武威大云寺（西夏时大云寺改名为护国寺）。元灭西夏后，西夏碑被当时的有识之士砌碑亭封闭，得以保存。清嘉庆九年（1804），由武威著名学者张澍发现。民国时，西夏碑由大云寺移置武威文庙。近年又移置于新建的武威市西夏博物馆内。西夏碑对研究西夏的社会经济、民族关系、土地制度、阶级关系和西夏国名、帝后尊号、官制纪年及当时凉州的佛教盛况等方面都是丰富而珍贵的资料。

西夏在中国历史上创造了不朽的业绩和灿烂的文化，西夏文化成为中华民族文化的重要组成部分，西夏文化由于西夏文与西夏碑而闻名于世。西夏创制了自己的文字西夏文，并且被西夏统治者大力推广，成为当时的官方语言文字。当时西夏与各国和地方政权和其他诸国的往来公文，都使用西夏文，西夏学者用西夏文写作的文学、语言、法律、医学、佛经等方面的著作，也广为流传，可以说，西夏文字是西夏文化中最为耀眼的明珠。

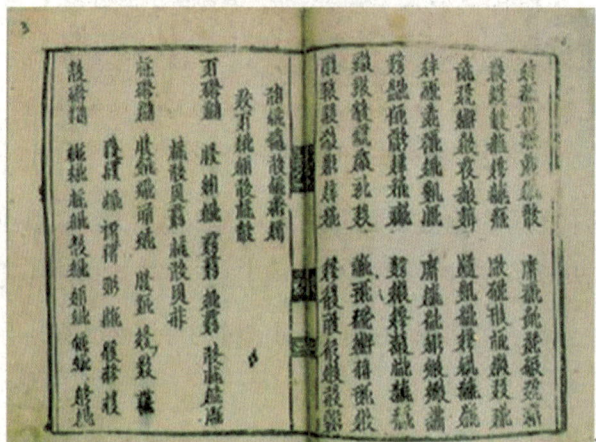

黑水城的西夏文书

1908年、1909年俄国探险家科洛兹夫组织了两次考察活动，在内蒙古额济纳旗西夏古城黑水城遗址发掘和发现了大量西夏相关的文物、文献。后来英国人斯坦因、法国人伯希和、瑞典人斯文·赫定也先后前往黑水城进行考察和挖掘，也得到不少西夏文献和遗物。这些文献都是珍本、善本，学术价值极高。黑水城西夏文书的发现为我们研究西夏国的政治、经济、宗教、文化等，都提供了极其珍贵的文献资料。

西夏文化在中国文化中占有重要的历史地位，它的研究价值很大，到了现代社会，古老的西夏文化依然影响着生活在甘肃河西地区这片土地上的人民。河西地区人民是西夏文化的传承者，在西夏文化的建设中，河西地区的广大人民群众演绎着重要的角色。

1227年，蒙古灭西夏，不仅杀死了投降的西夏的最后一个皇帝，还对西夏境内的党项族人进行疯狂屠杀，烧毁各种建筑和文献资料。由于历史资料的匮乏和记载的缺失，西夏亡国后，党项遗民的去向，一直成为历史学家研究的课题。无论党项遗民最终去向何方，西夏灭国后，党项人失去了共同生活的地域，大部分党项人不得不背井离乡或隐姓埋名，与其他民族间错杂居，渐渐被汉、藏、蒙古等民族所同化。

活动建议

请你制作一期有关西夏文物的手抄报。

第 26 课　金哀宗拟迁都陇西

思考提示：宋金鏖兵陇南，吴玠吴璘兄弟抗金。金哀宗拟迁都陇西，汪世显率先动手，攻杀了占据秦州的粘葛完展，彻底断送了金朝迁都的计划，郭蛤蟆死守会宁，蒙古占领秦陇地区。

北宋时期，延、秦凤、环庆、泾原、熙河五路大部在今甘肃境内，战略地位重要。宋金争夺西北五路的战事十分激烈。在金军强大的攻势下，宋军节节败退，北宋灭亡，金朝占领北方。秦陇之地除陇南一小块地区属于南宋辖地及河西走廊属西夏外，秦陇大部分地区系金朝领地。

宋金鏖兵陇南

"靖康之难"北宋为金所灭，宋淮河以北尽入金国版图。南宋政权建立之初，陇南就是宋、金在西北鏖兵争夺的主战场。

吴玠（1093—1139），字晋卿，南宋抗金名将；吴璘（1102—1167），字唐卿，吴玠弟，南宋著名军事将领。二人祖籍德顺军陇干（今静宁县），后迁水洛城（今庄浪县）。

吴玠吴璘纪念馆

他们自幼生活在干戈扰攘的边界地区，有立功报国的雄心壮志，后成为南宋抗金斗争中的英雄人物。

1131年，吴玠与金兀术会战于宝鸡东南的和尚原，金兵十多万人马全军覆没，金兀术负伤只身逃脱。1134年，宋、金两军又在徽县境内的仙人关进行大会战，宋兵顽强攻战，英勇拼杀，在吴玠指挥下以少胜多，再次击溃金兀术的10万大军，兀术逃遁。宋、金在陇南的这两次大会战，使金国损失20万精锐之师，军事力量大大削弱，从此丧失战略进攻能力，稳定了南宋西北边境局势，促成宋、金对峙的局面。吴玠与吴璘及吴璘儿子吴挺兄弟父子统帅数十万精锐之师，以略阳、徽县为大本营，驻守陇南近百年，多次与金国军队进行大会战，始终牢固坚守陇南这个"蜀口"，使南宋政权得以偏安东南。

1141年，金兵又大举攻宋，宋兵反击，吴璘等一度攻克金兵所占的秦州、陇州、华州，宋、金再次议和，宋兵撤回陇南。1160年，金人又毁盟攻宋，金兵攻入凤州、大散关，吴璘率军反击，再次击退金兵，并进而攻占秦州、洮州、陇州、静宁、环州等大片地区。朝廷命吴璘退守陇南，保全"蜀口"

吴玠、吴璘纪念馆壁画

以固川蜀。吴璘从静宁撤军，道路被金兵切断，宋军将士战死数万。吴璘在天水镇、长道间修建地网以阻金骑兵，先后建造地网达544条。吴璘在世时，吴挺屡随父征讨，功效卓著，吴璘去世后，吴挺继承父志，继续坚守秦陇之南蜀口地，为南宋偏隅江南，保全四川做出了贡献。

近百年对峙鏖战，使陇南成为南宋在西北地区的政治军事中心，驻节略阳、徽县的四川宣抚使统帅下的数十万大军，不仅作战守边，还开展了大规模的修建道路、兴修水利及屯田垦殖事业。

金哀宗拟迁都陇西

《金史》中说，天兴二年（1233），金哀宗迫于蒙古军队的进攻，不得不迁都蔡州，但又考虑到蔡"孤城不能保"，就想迁都甘肃陇西，便命粘葛完展为"巩昌（陇西）行省"，来甘肃准备迁都事宜。金朝当时的绥德州元帅汪世显也清楚蔡州保不了多久，再加上对粘葛完展不服，就想起兵造反，但惧怕金朝驻守在会宁的金朝大将郭蛤蟆，于是便派使者约郭蛤蟆一同起兵造反，进攻陇西，然后降元。见到使者，郭蛤蟆给王世显的回答是："粘葛公奉诏为行省，号令孰敢不从。今主上受围于蔡，拟迁巩昌。国家危急之际，我辈既不能致死赴援，又不能聚众奉迎，乃欲攻粘葛公，先废迁幸之地，上至何所归乎。汝帅若欲背国家，任自为之，何及于我。"1134年，蔡州城被蒙古军攻破，金哀宗逃至汴州，在一个叫幽兰山的地方自杀，完颜承麟也因难以抵挡蒙古军队而在蔡州城内投河自尽。这使金朝迁都陇西的计划胎死腹中。金朝的残余军队一路向西米到了今甘肃泾川，此后大部回了东北故乡，剩余的则留在了当地。此时，汪世显的枭雄面目初现，他自然不愿意为一个已经行将垮台的王朝殉葬。汪世显率先动手，攻杀了占据秦州的粘葛完展，彻底断送了金朝迁都的计划。

会宁郭蛤蟆城

金朝灭亡后，在秦、巩一带金朝势力仍然存在，蒙古继续攻伐金国西北地区。在蒙古军的强劲攻势之下，各郡县"望风款附"，先后归属蒙古。独会州守将郭斌力守孤城，拒战近三年。

郭斌（1192—1236），又名郭蛤蟆，金朝名将，他家世代为保甲射生手，金宣宗时，他与兄敦禄大都以善射而应募从军，后屡立战功，得到金哀宗的重用。1233年，金哀宗迁蔡州后，策划迁往巩昌，汪世显劫杀粘葛完展后降蒙。1236年，蒙古大军对会州城发动猛攻，郭斌率领会州军民拼死抵抗。为了抗击蒙古军队的进攻，郭斌收集城中仅有的金、银、铜、铁杂铸为炮，袭击来攻的蒙古军，杀牛马供战士食用。当会州城被攻破后，郭斌率领部众与蒙

会宁郭蛤蟆城残存的瓮城

古军队展开激烈的巷战，城破举家自焚，死节于此。后人念其忠烈，称其城为"郭蛤蟆城"。城垣内一外二，壕堑三道，夯土筑成，内城南墙残长360米，北城墙残长172米，东城墙残长444米，并有瓮城，西半部已被祖厉河冲毁。1982年，会宁县人民政府将该城列为县级文物保护单位。1993年，甘肃省政府将其列为省级文物保护单位。2006年8月8日，重新公布为甘肃省文物保护单位。

　　元朝统一全国，打破了长期以来西夏、金、南宋政权在甘肃境内的割据局面。

活动建议

（1）观看新编大型秦腔历史剧《郭蛤蟆》。

（2）请去庄浪县吴玠吴璘纪念馆参观。

第 27 课　元朝在甘肃的统治

思考提示： 南宋宝庆二年（1226），成吉思汗蒙古大军攻占西夏河西地区之后，不断攻取金、宋（今属甘肃）各地，于端平三年（1236）攻破金朝遗留的最后一个据点会州，又攻克南宋的陇南各州，使今甘肃地区完全归于蒙古旗下。至洪武六年（1372），明军最终收复河西的安西、敦煌，元朝在甘肃地域活跃了约150年时间。

蒙古攻占河西

　　蒙古人最初以"蒙兀"或"蒙瓦"之名见于史籍。蒙古的南方是西夏和金政权。西夏政权控制的甘肃河西走廊畜牧发达，物产丰富。铁木真建立蒙古政权后，被尊称为成吉思汗，先后六征西夏。1217年，成吉思汗第四次派军进入西夏，采取了突然袭击的战术，加上西夏毫无边备，蒙古军队长驱直入，包围西夏京城中兴府（今宁夏银川），西夏国王李遵顼逃往西凉。1225年，成吉思汗由中亚回师蒙古，次年第六次大举出兵征伐西夏，兵分两路，其中一路由西域发兵向东，迅速攻下沙州、肃州、甘州、凉州等地，占领河西走廊。

　　1229年，察合台部将按竺迩奉命建立了从山丹到玉门的驿站，以通西域。1271年，元帝国建立。1287年，元政府命河西爱牙赤所部屯田军同沙州居民一起在瓜、沙修筑城池，完善城防。元政府十分重视对河西走廊的经营，为了维持军民和往来人员的需要，令敦煌军队和民众一起屯田，兴修水利，促进了敦煌地区农业的开发。为了缓解矛盾，维护统一，元代采取了多元文化和宗教政策，大力扶持佛教，尤其是藏传佛教，比如在敦煌地区重修了以前的19个洞窟，新修了8个洞窟，延续了敦煌文化和宗教的发展。

蒙古攻占陇西、陇南

　　1227年，成吉思汗率军南下，进入金朝境地，渡过黄河，攻陷积石、临洮府和河州、洮州、西宁、顺德等地。四月，成吉思汗避暑六盘山。六月，继续向南进兵到秦州清水县。成吉思汗在清水约十多天，从病危到逝世七天弥留之际，处理了两件大事。其一，成吉思汗一生诸事皆达，唯一遗憾的是没有亲自征服金国。但其临终遗嘱为后来的事实证明，他准确地筹划了攻灭金国的战略方针。

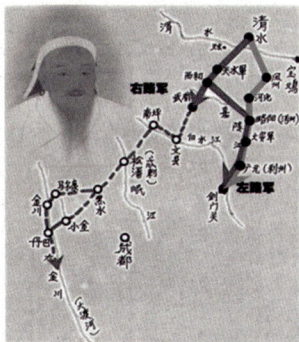
成吉思汗在甘肃清水

其二，再度明确了以三子窝阔台为自己的继承人。其后，拖雷监国一年，召集忽里勒台大会，遵照成吉思汗遗嘱，拥戴窝阔台为大汗。七月十二日，成吉思汗病逝于清水县。按照成吉思汗的遗嘱，死后秘不发丧，等西夏国王来降时杀之。后来西夏国王来降，被杀，西夏灭亡。

相关链接

成吉思汗陵首迁甘肃兴隆山

　　1935年6月9日，成吉思汗陵寝由伊盟扎萨克旗伊金洛起陵西迁。经陕西榆林后，改乘汽车，经米脂、绥德、清涧、延安、富县、洛川、黄陵、耀县、三原抵西安。又由西安经咸阳、永寿、长武、泾川、定西等县，于7月1日抵甘肃榆中。榆中县各界参加欢迎者近4万人。国民党政府第八战区司令长官兼甘肃省政府主席朱绍良及甘肃省政府官员自兰州前往榆中迎祭，并随灵榇至榆中县城西南的兴隆山，朱绍良率领官员扶挽灵榇登山，至东山大佛殿暂厝十年。1949年，迁往青海塔尔寺。1954年4月，迁回内蒙古伊金霍洛旗新建的成吉思汗陵。1987年，重建成吉思汗文物陈列馆，复制陈列了苏律定、宝剑、马鞍等部分文物。

成吉思汗病逝后，蒙古大军进入大昌原（今甘肃宁县西），被金兵打败。窝阔台继位后，亲自出征金朝。1231年，窝阔台兵分三路攻金。其中拖雷的右路军先取宝鸡，继而由大散关进入宋境，连破凤州、西和（今甘肃西和）、沔州、阶州（今甘肃武都）、文州（今甘肃文县）、兴元，进取四川北部，大掠而回。

1234年，金朝灭亡，蒙、宋开始了长达40年的战争。窝阔台次子阔端率军攻取金朝未降的秦州、巩昌（今甘肃陇西）等地，金朝巩昌便宜都总帅汪世显、熙河节度使（治临洮）蕃部首领赵阿哥昌等归降蒙古，阔端命赵阿哥昌为叠州安抚使，招抚甘南、河曲等地的藏族部落，立城垒，课农桑。1236年，蒙古军队攻占兴元、宕昌、阶州、文州，临洮等地的藏族部落纷纷归降。黄河上游进入蒙古版图。

榆中兴隆山成吉思汗文物陈列馆

蒙古经甘肃南下川滇灭大理南宋

1253年夏，忽必烈率大军出萧关（今宁夏同心南），在六盘山齐集各路大军，准备了充足的粮饷和器械后，进至临洮、甘南，练兵备战。同时，蒙哥命便宜都总帅汪德臣率军入蜀，抵嘉定（四川乐山），配合忽必烈行动。九月，忽必烈督军至忒刺（今甘肃迭部县达拉沟），分兵三路南进，兀良合台率西路军，诸王抄合、也只烈率东路军，忽必烈自率中路军。十一月，三路蒙古南征大军会师于丽江城北的金沙江畔，包围了大理城，迅速消灭了段氏大理政权，完成了对南宋的军事大包围。

1260年，忽必烈继承蒙古汗位，与其幼弟阿里不哥展开了一场争夺汗位的斗争，甘肃地区是他们争夺的重点地区之一。阿里不哥企图联合六盘山驻军东进关中，控制忽必烈的漠南根据地。忽必烈先发制人，稳定关陇局势。阿里不哥不甘心失败，又派遣阿兰答儿南下西凉（今甘肃武威），与浑都海等会合东进。忽必烈命巩昌汪良臣等迎战，双方大战于删丹（今甘肃山丹）。阿兰答儿、浑都海再败于甘州。1264年，阿里不哥投降忽必烈。经过这次战争，甘肃地区从元朝开国开始，就置于忽必烈的统治之下，成为元朝疆域的组成部分。1276年，元军占领南宋都城临安后，形成中国历史上空前未有的幅员辽阔、多民族统一的国家。

元朝置甘肃行省

省，是中书省的简称。行省就是中央政府的派出机构，金朝已经有了行省。元朝疆域辽阔，为了巩固对全国的统治，忽必烈将行省由中央政府的临时派出机构变成地方一级的行政区划，它的设置是我国行政区划和政治制度沿革史上的一大创举。甘肃行省为元朝中国本部的十个行省之一，辖境包括今宁夏、甘肃大部、青海东北部、内蒙古和陕西西北部的部分地区。南与四川行省接壤。1261年，元朝政府在甘肃立西夏中兴行省，治中兴府，但屡次废除，并划入陕西四川行省。直至1286年，该省迁至甘州路，正式改名为甘肃行中书省。

元朝行省示意图

元代甘肃行省的辖境，几乎包括了西夏的全部疆域。这些地区先后在蒙古灭西夏及蒙古统治集团争夺汗位的斗争中，经历了频繁的战争破坏和洗劫。忽必烈为了恢复经济和安定社会秩序，先后派出张文谦、董文用等出任这一地区的行政长官。在中兴、西凉、甘州、肃州、瓜州、沙州等地，大力兴修水利，垦辟水田，鼓励因战争而逃亡的人户重返家园，授给一定数量的土地、种子和家具，从而促进了元初甘肃行省社会经济的恢复。

活动建议

（1）去甘肃省榆中县成吉思汗文物陈列馆考察。

（2）比一比，今天的甘肃省与元朝的甘肃行省有哪些不同？

（3）阅读温小牛编著的《成吉思汗与甘肃清水》。

第 28 课　从阔端、萨迦到侯显

思考提示：西藏自古与中原有着密切的经济文化和政治交往，随着历史的发展，这种交往和联系逐渐由松散向稳固的方向深化。到元朝时期，西藏已成为中央政府直接管辖下的地方政权。1247年，蒙古皇子阔端与西藏地方萨迦派法王萨迦班智达在甘肃武威举行会谈，和平解决重大问题。汉、藏关系史上也有一位极有影响的甘肃藏族人物侯显为沟通民族感情、增进民族团结做出了积极的贡献，在促进中国和亚洲各国交流经济、文化方面成就突出。

阔端开府西凉

1226年秋，元太祖成吉思汗发兵攻取西凉府，西凉州为元朝所有。1227年，成吉思汗逝世，第二年，窝阔台继承汗位。窝阔台汗于1234年攻灭金朝后，以南宋背盟攻汴京为由，于1235年春，分路出兵攻宋，皇子阔端奉命统兵由陕入川，招降原金将领所据秦（今甘肃天水）、巩（今甘肃陇西）第20余州后屯兵镇守凉州。1242年，太宗窝阔台命皇子阔端开府西凉，镇守西夏故地。《秦边纪略》记载："元封王子阔端为永昌王，筑宫于凉北，即今永昌堡。"凉州成为阔端的统治中心。

凉州会谈旧址位于甘肃省武威市凉州白塔寺内。这里是中国历史上西藏喇嘛教萨迦派领袖萨迦班智达与蒙古汗国王子阔端举行凉州会谈的重要地点，是西藏正式纳入中国版图的历史见证地。

凉州会谈

13世纪，蒙古族崛起并强大起来，统一了整个蒙古高原和大西北。这一时期，吐蕃已完全处于蒙古大军的战略包围之中，不管蒙古大军采取武力手段还是和平手段，统一吐蕃势在必行。

阔端一方面以授萨迦班智达"管领西方僧众"、赏赐物品相诱，另一方面以"派大军杀戮百姓"相威胁，并以"佛教及众生"动其情，目的是想利用萨迦班智达的声望和地位，去劝说和号召西藏各教派归顺蒙古。1244年，阔端写信邀请萨迦班智达来凉州会谈。

凉州会盟唐卡

萨迦班智达·贡噶坚赞，是藏传佛教萨迦派第四代祖师，藏族学者。他不仅对佛学经典辩博纵横，造诣精深，还通达内明学、声明学、因明学、工巧明学、医方明学、辞藻、诗词、韵律、修辞、歌舞、天文历算等大五明和小五明。主要著述有《三律仪论》《正理藏论》《萨迦格言》等，在藏族佛教史和文学史中均占重要地位。

凉州会盟碑记

1246年，萨迦班智达以民族团结、国家统一大局为重，为西藏社会发展着想，顺应历史发展潮流，应阔端邀请到达凉州。1247年，阔端代表蒙古汗国，萨迦班智达代表西藏地方在凉州白塔寺进行了历史性会谈，成功达成了西藏各派归顺蒙古汗国的重大协议，发表了著名的《萨迦班智达致蕃人书》，书中规定：吐蕃官吏由中央政府任命，吐蕃要向中央政府缴纳赋税，中央政府对吐蕃实施户籍管理。这便向世界宣告，向历史宣告，西藏这片神圣的土地，从此划入伟大中国的版图。《萨迦班智达致蕃人书》顺应历史潮流，反映了当时西藏人民的愿望与要求，它一传至西藏，"僧人、弟子和施主等众生阅读了此信件后，无不欢欣鼓舞。受到西藏人民普遍欢迎，得到各界人士拥护"。阔端采取与西藏宗教领袖和平谈判的方式，解决了西藏归属问题，促进了蒙藏关系的建立与发展，是蒙古族和藏族为推进中华民族团结统一做出的重大贡献，是各族人民参与共同缔造祖国历史的明证。"凉州会晤"后，萨迦班智达留在凉州继续讲授佛经、弘扬佛教，使阔端及其蒙古统治者皈依佛教，藏传佛教的传播也进入了一个新阶段。

相关链接

> 四集历史纪录片《凉州会谈》，完整、客观地呈现了公元13世纪中期发生在凉州（今甘肃武威）的重大历史事件——凉州会谈。凉州会谈在中国的民族关系史和藏、蒙两族的历史上都写下了厚重的一笔，它奠定了西藏并入中国版图的基础，并深刻影响了此后中国的政治格局和文化格局。

外交和平使者侯显

元朝末年，侯显出生于洮州（今甘肃临潭）。明朝初年，侯显到了北京。一天，他揭了朝廷敦请西藏名僧哈利麻延聘使者的榜文。明成祖朱棣觉得侯显具有与吐蕃上层人物打交道的才干，选中他出使西藏。

1403年4月，他受明政府的委派，率领人马，深入卫藏（西藏），迎请高僧哈立麻得银协巴。历时四年，他将哈利麻等一批宗教首领顺利地请到北京，明成祖封银协巴为大宝法王，沟通藏区与明朝中央政府之间的联系。1413年，明成祖又派侯显进藏，迎请格鲁派的创始人宗喀巴的大弟子释迦益西进京，封其为大慈法王。1427年，侯显再次进（西）藏访问，加强了卫藏辽阔地区与内地的政治、经济、文化的联系。

侯显，明朝宦官，藏族，藏名洪保希绕，明朝著名的外交家、政治活动家。

侯显在1407年和1409年参加郑和船队第二、第三次下西洋，并成为郑和船队指挥部的领导人员。1415年，侯显单独率船队出访榜葛剌（今孟加拉国）。1420年，榜葛剌国与邻国沼纳朴儿国发生纠纷，榜葛剌国王请求明朝政府出面调解。于是，明政府再次以侯显为使者，代表明政府斡旋调解。侯显不辱使命，终于使沼纳朴儿国"罢兵"。这是中国明朝政府为调解南亚两个国家之间军事冲突的一次成功的访问，这固然表现了明朝政府在南亚诸国中的威望，同时也充分显示出侯显的外交才干。他四次率领舰队远航西洋，克服了无数难以想象的艰难险阻，先后访问了东南亚15个国家。侯显还数次出使西域，是明初杰出外交家，与到访诸国结下了友好的国际关系。

侯显的这种和平友好、交流合作、敬业献身、报效国家的精神是永存的，是一笔宝贵的精神财富，值得后人继承和弘扬。

相关链接

侯家寺

侯家寺坐落在甘南藏族自治州临潭县流顺乡上寨村上方的山麓平台上。寺院建筑规模宏大，供奉有黄金制成的大明皇帝洪武的牌位，还有镌刻着政教法典的大石碑和石筑的侯显塔，以及用一百多匹质地精良的锦缎绣制的巨大佛像及高25丈的宝塔和金汁书写的《甘珠尔》大藏经等。

　　侯家寺沿台地而建，整个建筑群分大门、主殿、配殿，高低错落有致。寺院具有完善的密宗学说和法相学说的讲经辩经制度，鼎盛时期僧人最多时达千余人，寺院及喇嘛拥有土地300亩，每年农历正月十五日举行大法会。

活动建议

（1）观看历史纪录片《凉州会谈》。

（2）去甘南藏族自治州临潭县的大寺院侯家寺考察。

第 29 课　甘肃回族历史

思考提示：回族在中国是分布最广的少数民族。他们在居住较集中的地方建有清真寺，又称礼拜寺。公元7世纪中叶，大批波斯和阿拉伯商人经海路和陆路来到中国的广州、泉州等沿海城市及内地的长安、开封等地定居；公元13世纪，蒙古军队西征，大批西域人迁入中国，这些人吸收汉、蒙古、维吾尔等民族成分，逐渐形成了一个新的民族——回族。

唐宋时期甘肃回族状况

甘肃回族的来源，最早可追溯到唐代。当时唐王朝强盛，丝绸之路畅通，沿丝绸之路进入中国以经商为目的的大食穆斯林中，有一些人因羡慕甘肃河西地区的繁荣和富饶，留居当地。近人金吉堂在其《中国回教史》中曾这样

兰州清真寺

写道，大食商人与中国商人互市于河西诸郡，"及其日久，多有留居不去，冠汉姓，娶汉人女子为妻妾者"。临夏八坊回族聚居区长期流传下来的口碑资料也说，唐代曾有十个大食穆斯林从丝绸之路甘肃境内陇西段来到临夏（时称河州），后身亡葬于该地。这些大食穆斯林应该说是甘肃回族最早的来源。到了唐末，有史料记载，今天甘肃的张掖、武威及宁夏回族自治区的灵武县，已有回族先民居住，"终唐之世，惟甘、凉、灵州有回族"。

宋王朝建立以后，中因政府十分重视同大食人的贸易，因此，大食人来中国较之唐代更盛。甘肃境内丝绸之路的各条通道，则是一部分使节和商人从

陆路来中国的必经之路，其中落居河西地区者，仍不乏其人。元朝初年，马可·波罗到甘州时，发现在这个幅员辽阔的古城府内居住的人中，就有一部分伊斯兰信徒（《马可波罗游记》第54页），证明宋时就有穆斯林居于甘肃的事实。可以说，唐、宋之际，以经商为目的、沿着丝绸之路进入甘肃的大食穆斯林，是甘肃回族最早的先民。

南宋末年，随着蒙古军队的西征，大批回回人东迁中国，在元政府统一全国的战争结束后，他们就留居各地，从事戍边、屯垦、看守仓库等工作。在甘肃的河西一带，为数众多的回回军士在"社"的编制下，屯田耕牧于已垦或未开垦的荒地上，经营农业生产，取得了普通农民的身份。这些落居甘肃的回回人主要是男性，他们同他们所居地方的其他民族女子结婚，这样回回又有了新的发展，人数也不断增多。东迁的回回人定居甘肃及其新成员的繁衍，是甘肃回族形成中最重要的部分。

元明时期甘肃回族状况

元代中西交通又一次呈现繁荣的景象，"无此疆彼界……适千里者如在户庭，之万里者如在邻家"，西域回回进入甘肃河西地区"多方贾贩"而留居者为数亦不少。《甘青宁史略》正编卷13中记载："中统元年（1260）六月己卯，蒙古主徙甘、凉、肃州寄居回回与江南各卫……被徙者户四百三十六，口一千四百七十九。"说明回族人在河西已占有相当大的比例。当地地方志中记载，在肃州（今酒泉）东关内两条各一里多长的街道上经商者"番回居大半"。肃州农村里还种植西域来的"回回麦"。《明史·西域传》卷220中记载"元时回回遍天下，及是居甘肃者尚多"，正是说明了甘肃回族在元代的繁盛。

相关链接

盖碗茶是西北回族一种独特的饮茶方式，相传始于唐代，流传至今，颇受回族人民喜爱。盖碗茶由托盘、茶碗和茶盖三部分组成，故称“三炮台”。每到炎热的夏季，盖碗茶便成为回族最佳的消渴饮料；到了严寒的冬天，农闲的回族人早晨起来，围坐在火炉旁，或烤上几片馍馍，或吃点馓子，总忘不了刮几盅盖碗茶。

回族人还把盖碗茶作为待客的佳品，家里来了客人时，热情的主人都会递上一盅盖碗茶，端上馓子、干果等，让客人下茶。喝盖碗茶时，不能拿掉上面的盖子，也不能用嘴吹漂在上面的茶叶，而是左手拿起茶碗托盘，右手抓起盖子，轻轻地“刮”几下，其作用是一则可滗去浮起的茶叶等物，二则是促使冰糖融解。刮盖子很有些讲究，一刮甜，二刮香，三刮茶露变清汤。每刮一次后，将茶盖呈倾斜状，用嘴吸着喝，不能端起茶盅接连吞饮，也不能对着茶碗喘气饮吮，要一口一口地慢慢饮。主人敬茶时，客人一般不要客气，更不能对端上来的茶一口不饮，那样会被认为是对主人的不礼貌、不尊重。

明代是甘肃回族形成一个民族共同体的重要时期。从地域环境上看，甘肃回族这时才真正形成“大分散、小聚居”的特点，“甘肃地近西域，多回回杂处”。从河西到陇南各地，以及今天的临夏、甘南两个自治州境内，都有回族人聚居或散居。回族人在全省各地开垦荒地，兴修水利，不断建立新的回回村。甘肃回族主要从事农业生产，城镇的回族人善于经商的特点也基本形成。临夏是当时甘、青交界处的商业中心，张家川、平凉等地是著名的回族毛皮商人的集散场所。至于长途贩运日用品、饮食业、鲜货业的半农半商的回族人，为数就更多了。各地回族聚居区普遍建立了清真寺，本民族内部的凝聚力和共同心理状态已经相当坚固。为了适应环境、交流思想和生产技术的经验，甘肃回族此时已大量使用中文。阿拉伯、波斯语言文字，主要是用于宗教活动，日常生活中的应用相对减少，不像元代以前那样是主要成分。

清朝以后甘肃回族的状况

　　清朝初期和中期，是甘肃回族在封建社会里的发展时期。在这个时期，甘肃回族人口增加了，居住区域更加扩大了，农业、商业、手工业及文化等方面更加发展了。清同治以前，河西地区仍然是甘肃回族最主要的聚居区，省内其他地方，包括现在青海和宁夏所管辖的部分地区，也是回族杂居或聚居区。同治年间西北回民起义失败后，甘肃乃至西北回族的分布状况有了重大的改变，基本形成了现在这样的布局。

相关链接

　　回族民歌中特点鲜明的回族花儿，是西北一带回族群众喜唱的一种山歌，主要在甘肃、宁夏和青海一带广为流传。花儿分为临夏花儿（旧称河州花儿）和洮岷花儿两大系统。回族人民主要唱临夏花儿。花儿多吟唱爱情，也表现劳动人民的痛苦生活和不幸遭遇。

　　在回族聚居的临夏地区，几百年以来，每年在固定的时间，人们都

要聚集于山清水秀、风景秀丽的山间举行传统的"花儿"会。每年农历六月初一至初六的莲花山"花儿"会和农历四月二十八日的松鸣岩"花儿"会久负盛名。每逢花儿的歌咏集会，参加者达数千，甚至几万人。人们在野外搭起帐篷，燃起篝火，通宵达旦，歌声不绝。

　　同治年间的西北回民起义失败后，清政府制定了歧视性的迁徙政策，"回民则近城驿非所宜，近汉庄非所宜，并聚一处非所宜……令觅……荒绝无主、各地自成片段者，以便安置"（见《左公襄公全集》卷41），把原来居住在八百里秦川、秦渠、唐徕渠两岸富饶之地的回民，尽悉迁到贫瘠山区内安置。甘肃的张家川、平凉等地是安置迁徙回族的主要地区之一。河西地区是唐、宋、元、明四朝以来甘肃回族最为集中的地区，自这次回民起义失败后，河西回族横遭清政府的屠杀、迁移，出现了"自是甘、凉、安（安西）、肃一带无回族聚居处"的局面。以后虽然几经变迁，但河西地区再也没有形成回族聚居区。与河西情况不同的是，河州在同治年以后，自明代以来形成的"回多汉少"的局面仍然存在。各地回民起义失败后，又有大量的回民避难于河州，使河州的回族人口不断增加，成为甘肃回族最主要的聚居区。仅河州回族聚居的八坊（今临夏）一带，就有数万回族，"盖八方（坊）为回民商务聚居之地，富甲省垣，居民三万余人，全系回族"。随着河州回族人口的增加，经堂教育发展很快，宗教职业者为数亦甚多，城乡各地清真寺普遍建立。

　　甘肃回族的分布，自同治后再无多大变化，延续到1949年。中华人民共和国成立后，分别于1954年2月和1956年11月，在甘肃回族聚居最集中的张家川成立了回族自治区（1955年改区为县），临夏成立了回族自治州。

相关链接

临夏回族自治州文化馆

临夏回族自治州文化馆，始建于1965年3月，原为临夏回族自治州阶段教育展览馆，是为进行社会主义教育并庆祝翌年自治州成立十周年成立的机构，1968年更名为临夏回族自治州毛泽东思想宣传馆，1975年更名为临夏回族自治州文化馆，1981年更名为临夏回族自治州群众艺术馆，2006年元月，经州编委批准更名为临夏回族自治州文化馆。

临夏回族自治州文化馆成功申报了世界级非物质文化遗产——甘肃花儿，申报国家级非物质文化遗产项目8个，省级非物质文化遗产项目11个，挖掘了全州200多个非物质文化遗产项目；完善了临夏州民族民间文化艺人电子档案，建立了国家、省、州、县级非物质文化遗产四级名录体系，筹备建立了临夏州非物质文化遗产数据库，目前已存入非物质文化遗产资料图片10G、照片3000多幅、录像40G（时长60小时）。

活动建议

请你到甘肃临夏回族自治州文化馆参观，了解甘肃回族文化。

第 30 课　甘肃的土司文化

思考提示：土司制度是元明清时期中央政权管理边陲少数民族地区的重要政治措施，土司文化是西北地区弥足珍贵的历史文化资源。你知道历史上甘肃境内的土司吗？

土司的来历

土司是元明清三代封建王朝在部分少数民族地区实行的统治制度。土司大都由各族首领世袭任职，在所辖区域内按原有的政治、社会组织进行管理，并对朝廷负担规定的贡赋。明清土司分为文职和武职两种。

甘肃的土司

甘肃土司众多，主要有两种情况：一种是比较独立的单个土司，多是封建时代封有官职的土司，有的还兼摄僧纲，实力较强，如卓尼杨土司；另一种是许多土司依附于一个权力实体，即土司群，一般依附实力强大、比较著名的寺院，在宗教上完全受寺院指导，政治和军事上也不同程度地依附于寺院，如拉卜楞寺土司群。

卓尼杨土司在甘肃几个藏族土司中延袭时间最长、管辖地域最广、人口最多、影响最大，对本地乃至西北的政治、经济、军事、文化以及民族变迁产生过重大影响。杨土司鼎盛时，所辖部落发展到48旗，578族，近10万属民，包括今天甘南州卓尼县和迭部县的全部及临潭县和定西地区岷县。光绪二十八年

（1902），第十九代卓尼土司杨积庆袭职。

　　　　禅定寺原名卓尼寺，明王朝封此地为卓尼土司之后，开始
了"兄为土司，弟为僧纲"的历史，卓尼寺成为卓尼宗教、
政治和文化的中心。1713年，由康熙皇帝敕封为禅定寺，最
盛时有僧侣5200余人，改宗格鲁派时有僧侣3800多人，占地近
百亩，大小建筑物170多幢，以大寺为中心，曾统领洮、河、
岷、迭、狄、宕地区大小属寺108座之多。寺内原收藏着许多
精美的佛像，有数不清的经卷，还有许多珍贵的宗教文物。

　　1936年9月12日，红军进入甘南迭部地区，召
开了著名的"俄界会议"，确定了红军应坚持向北
进军的战略。而进入藏区的红军此时正处于生死存
亡的关键时刻，杨土司开仓济粮助红军。1936年，
红二、四方面军进入杨积庆所辖迭部沟一带。杨积
庆土司再次给红军让路济粮，支援红军通过藏区。
1950年10月，中央慰问团来甘南时，带来了周恩来

杨积庆烈士展厅

给杨积庆的感谢信和赠送的彩缎、丝像、金笔等礼物及纪念品，感谢杨土司当
年对红军的援助之情。1994年10月，甘肃省人民政府追认杨积庆为烈士，并在
卓尼县城修建陵园，树碑立传，颂扬功德，炳昭千古。杨土司革命纪念馆是甘
肃省爱国主义教育基地、省级重点文物保护单位。

卓尼土司陈列馆

电影《卓尼土司》画面

连城鲁土司

　　鲁土司是明清两代西北少数民族地区持续时间较长、影响较大、制度较为完善的土司。连城鲁土司的始祖脱欢是元世祖忽必烈之孙，封安定王，官平章政事。明洪武四年率部投诚，被安置在连城。脱欢的孙子失伽因战功显赫，明成祖赐姓为鲁，失伽改名为鲁贤，自此，连城土司以鲁为姓，后人称"连城鲁土司"。鲁土司统治连城达560年之久，留下了一座至今依然保存比较完整的宫殿式古建筑群——鲁土司衙门，也是我国现存四大土司衙门中，历史最悠久、规模最宏大、保存最完整的土司衙门，蕴含着建筑、宗教、习俗、审美等特色鲜明的土司历史文化。

连城鲁土司衙门牌楼

鲁土司衙门，始建于明初。清嘉庆年间，十五世土司鲁纪勋做过修建，现存建筑为工部营造法式建造，均系砖木石结构。衙门旧址由衙门、妙因寺及官园三部门组成，占地约3.3万平方米，建筑面积7755平方米。整个衙门依山傍水，坐北朝南，主体建筑在一条中轴线上。主体建筑从外到内依次为大照壁、牌坊、仪门、提督军门、大堂、如意门、燕喜堂、朝阳门、祖先堂，共组成五个四合院，俗称"三十六院，七十二道门"。建筑布局严谨，气势宏大，汉藏文化融汇，民族特色浓郁。鲁土司的家寺妙因寺，是藏传佛教格鲁派寺院，常为历代达赖、班禅所驻锡。每逢旧历正月初八、初九普度会、四月八浴佛节，妙因寺都要举行盛大的宗教活动，周边地区的善男信女、商贾、游客络绎不绝。

相关链接

1981年，被甘肃省人民政府公布为省级文物保护单位。

1984年，永登县成立了鲁土司衙门文物管理所。

1996年，鲁土司衙门被确定为国家级重点文物保护单位。

2005年10月，永登县成立鲁土司衙门博物馆。

2007年，史诗巨作《黄石的孩子》在鲁土司衙门拍摄。

2012年，鲁土司衙门被评选为"兰州新十景"之一。

活动建议

（1）讲一讲你身边的土司文化。

（2）观看纪录片《卓尼土司》。

（3）到永登连城鲁土司衙门实地考察。

船在彼岸

——甘肃华夏文明的嬗变与新生

（晚清以来）

第31课　近代甘肃旱灾与饥荒

思考提示：干旱是人类面临的主要灾难之一。西北地区尤其是甘肃省，自古以来，旱灾不断。2007年，甘肃省面临一场较大干旱，全省有63个县受灾，125万人吃水困难。我们回头看甘肃历史上的旱灾，尤其是1928年到1930年的旱灾，依旧让人们记忆犹新。

旱灾引发饥荒

甘肃在历史上就是一个自然灾害频繁发生的省份，从有对旱灾专门记载的汉代以来到公元1949年的两千多年的时间里，共有315年发生旱灾，其中15世纪中期以后旱灾发生的频率突然增大，在1468年至1949年的482年中，共有211年发生旱灾，平均不到两三年就有一年出现旱灾。

1928年到1930年，西北地区发生了毁灭性的特大旱灾。这次旱灾范围遍及陕西、甘肃和宁夏三个省区，而甘肃是这次受灾最为严重的地区。1928年，甘肃部分地区发生旱灾，受灾地区陇东到河西，50多个县旱灾与冰雹灾害相继发生，导致这些受灾地区春天不能播种；夏天旱灾肆虐，寸草不生，颗粒

皋兰县灾民已将树皮刮吃一光

未收。1929年，甘肃省全境发生旱灾。1930年后，灾难才走向低潮。有人曾经做过统计，在近300年间，甘肃基本上是"三年一小旱，十年一大旱，二十年一特旱"。灾难给人们带来了空前的痛苦。在军阀混战，腐败政府管理下，人民

的生活更是雪上加霜。

1928年至1930年的特大旱灾引发了毁灭性大饥荒，加之其他灾害和"军用甚急，土匪猖獗"，饥荒程度极其严重，人口大量死亡。1928年一年甘肃全省64个县有58个县受灾，灾民达250万人，仅仅兰州的灾民就达11万人。三年的大饥荒全省先后有140余万人死于饥饿，有60万人死于瘟疫，有30万人死于兵匪之手。有6万人口的定西县，灾难过后只剩下了3000人。兰州则有8万人死于这场灾难。甘肃各地遍地灾民。夏收之前，饥饿的人们把凡是能吃的东西全部吃掉了。面对饥饿，求生的本能使人们变得失常，饥肠辘辘的灾民们痛苦地挣扎着，寻找一切可以用来充饥的所谓"代食品"，刚刚破土的野菜被挖尽，树枝上长出来的嫩叶乃至树皮皆被捋光，原野里匍匐着哀号的饥民，所有的树都只剩下了枯枝，裸露着白晃晃的树干在风中瑟瑟发抖。1929年6月26日《申报》报道，甘肃"全省78县至少有四成田地，未能下种子"，"遭旱荒者至40余县"，灾民"食油渣、豆渣、苜蓿、棉籽、秕糠、杏叶、地衣、槐豆、草根、树皮、牛筋等物，尤有以雁粪作食者。至瘠弱而死者，不可胜计"。时任甘肃督军刘郁芬在发给南京政府的电文中称，"甘肃各地连年天灾兵祸，田庐漂没，村落焚毁，树皮草根俱已食尽，人相争食，死亡枕藉，山羊野鼠也已啖罄"。

战祸加剧灾情

1928年到1930年前后，中国国内军阀混战，社会动荡，政局不稳。处在这个背景下的甘肃也是战乱连年，从1925年起，冯玉祥率领国民军（又称"西北军"）进军甘肃，逐步消灭了甘肃各地的军阀，到1926年冬统一甘肃。但很快又出现了互不统属的地方军阀。从1928年到1930年连年的旱灾，再加上军征繁重，人民生活更加贫穷。为了生存，人民不得不铤而走险，致使战乱更为频繁。1928年5月，马仲英率部围攻河州，爆发了民国以来甘肃最大的一次动乱，历时六年，死伤人数约几十万，史称"河州事变"。1928年6月，爆发了"凉州事变"。1929年4月，庆阳人陈圭璋在庆阳华池县聚众起义，自立为甘肃义军混成团，并数次与西北军作战。1930年，爆发中原大战，西北军各部陆续被东调，甘肃局面混乱，地方武装四起。军阀割据，政局不稳，各政权忙于争夺利益，国民政府难以顾及救灾抗灾工作，使灾情进一步加剧。

人祸大于天灾。每一次自然灾害来临，政府是否充分发挥主导作用，采取多种引导措施安抚民众，抚灾救灾，是人们能否战胜灾难的关键所在。然而当时的国民政府却迟迟未采取救灾措施。1928年，甘肃局部地区已经发生旱灾，但直到1929年5月，国民政府才派内政部长薛笃弼（薛曾任过甘肃省省长一职）视察陕甘灾情。国民党行政院给甘肃灾区拨款80余万元赈灾，然而此刻，各地军阀割据，政令难以畅通，再加上缺乏监督，赈灾款大部分被经手官绅贪污。百姓无所为依，只能束手等死。

兰州粥厂前的灾民

活动建议

（1）请你访问周边的老人，了解家乡灾害情况。

（2）为当地政府写一份防灾救灾的建议。

第 **32** 课　近代来甘肃洋人面面观

　　思考提示：近代来甘肃的洋人可分为哪些类别？他们分别对甘肃的发展产生了什么影响？

　　鸦片战争之后，中西方之间经济、文化等交流日益频繁。西方先进的工业成果、科技文化、思想观念让中国人为之惊叹，吸引着一批批中国人漂洋过海到西方留学、经商。同时，外国人也大量涌进中国，参与殖民掠夺，从事宗教文化事业、经商等。作为内陆省份，甘肃传统社会也在缓慢地发生变化，"迎来"了大量的外国人。他们对甘肃的近代化发展产生了深远的影响。

兰州织呢局车间内部

　　同治五年（1866）前的甘肃，政治上人民起义、兵变四起，经济上"库贫如洗"，军费剧增。末日的清王朝在甘肃的统治处于风雨飘摇之中。

　　兰州机器织呢局是清政府最早经营的机器毛纺织厂。光绪四年（1878）由陕甘总督左宗棠筹设。光绪六年（1880）八月十二日开工，先后雇用德国工匠、比利时工程师等。工厂颇具规模，但实权操于外国人之手。

　　中山桥建于清光绪三十三年（1907），初名"兰州黄河铁桥"，后改称"中山桥"。全部建桥材料于光绪三十三年（1907）从德国走海运到天津，再由甘肃洋

中山桥

务总局从天津转运至兰州。建桥的工程师是美国人满宝本和德国人德罗，施工人员以德商聘来的69名洋工华匠为主。

洋务派人士虽然在甘肃兴办了一些企业，使甘肃开始有了近代工业和交通事业，但是和全国的形势一样，甘肃省的洋务运动在喧闹红火了一阵之后，便湮没在民族斗争和阶级斗争的大潮中了。

基督教传入甘肃，是列强对甘肃侵略的结果。1877年，英国人伊斯顿历经艰辛到达兰州，开始了基督教传教士在甘肃的宣教事业。至1920年，甘肃共设立外国宣教师驻在地17处，基督教信徒占全国0.4%，外国传教士为了在甘肃传教，创办了一些学校和医院，如华美医院和威廉医院，客观上加强了中外文化交流。

大漠深处的敦煌莫高窟石窟群，随着王圆箓于1900年6月22日，无意敲开藏经洞的一瞬间，震撼了中国的西北角，久久激荡着神州大地。敦煌莫高窟的"藏经洞"被打开之后，从1907年开始，英国人斯坦因、法国人伯希和、俄国人奥登堡、日本人吉川小一郎、美国人华尔纳、英国人巴慎思等探险家和考察队，先后到达这里采用明夺暗抢的手法，骗购并窃取大量珍贵文物，包括文献经卷、彩塑壁画，致使五万件文物长期流散海外，近代的甘肃再一次遭到了西方侵略者的踩躏和掠夺。现在这些文物主要流散在英国、法国、俄国、日本及美国、丹麦、德国等地。

中华人民共和国成立后，经济的恢复发展和社会主义建设得到了苏联从资金、科技人才、机器设备等方面的大力支持。

斯坦因（右）
王圆箓（中）
翻译蒋孝琬（左）

《中苏友好同盟互助条约》签字仪式

从1954年起，苏联援助了中国156个重点项目，帮助中国建立重工业的基础。安排在甘肃省的有：玉门石油管理局、中国石油兰州炼化公司、白银有色金属公司、西固热电厂、兰州机械厂（或兰州石油机械厂）、兰州炼油化工设备厂（后合并成为兰州石油化工机器厂）、兰州合成橡胶厂、兰州氮肥厂、兰州热电站、中科院近物所。尽管当时苏联的目的并不单纯，但正是这些项目奠定了甘肃省重工业的基础，培养了一大批技术人员，推动了甘肃地区的现代化进程。

活动建议

（1）观看纪录片《金城兰州》。

（2）搜集修建兰州中山桥的外国专家的资料。

第 **33** 课 从洋务新政到开发大西北

思考提示：晚清时期甘肃近代工业是怎样起步的？民国时期和中华人民共和国成立后甘肃的工业有了怎样的进展？

晚清时期的甘肃工业

甘肃的近代工业是和一个人紧密联系的，这就是号称清朝"中兴名臣"、与曾国藩、李鸿章齐名的左宗棠。

左宗棠（1812—1885），字季高，谥号文襄，湖南湘阴人。曾以镇压太平天国得到清廷赏识，后来创办福州船政局，成为洋务派在地方的代表人物之一。1866年夏天，调任陕甘总督。在后来有名的塞防与海防之争论中，左宗棠据理力争，驳斥了李鸿章打算放弃新疆的观点，促使清政府塞防与海防并重，出兵收复新疆，这场争论对我国西北各省区的命运至关重大，而左宗棠居功甚伟。

左宗棠

左宗棠在西北期间，筹办了兰州制造局和甘肃织呢总局（简称二局），给一向贫穷落后的甘肃带去了近代工业文明的曙光。

同治八年（1869），西安机器局创立。同治十一年（1872年），因战争重心转移到甘肃，左宗棠移师兰州，西安机器局也搬迁到兰州，更名为兰州制造局。1882年，随着左宗棠在河西、新疆等地军事行动的结束，兰州制造局暂时停工。1907年，恢复兰州制造局，并于当年8月，由畅家巷迁至小仓子，更名为兰州机器局。兰州机器局后来几经变迁，始终存在，在中华人民共和国成立后成为兰州通用机器厂[①]，至今仍然是甘肃的重要工业企业。

兰州制造局

1878年（光绪四年），左宗棠奏请清廷批准在兰州建立织呢局。由于当时国内交通十分落后，从德国购买的机器，一部分在1879年10月已经运到兰州，而另一部分却迟至1880年5月才抵达。1880年9月，经过两年的艰苦努力，甘肃第一家资本主义性质的民用工业——兰州织呢总局，正式诞生了。[②]

兰州织呢局车间

八国联军侵略中国后，清政府被迫在1901年至1911年的最后十年间进行了一系列包含政治、经济等各方面的改革，史称"清末新政"。兰州道台彭英甲则是甘肃新政实际上的主要执行者。

民国时期甘肃的工业

辛亥革命后一直到抗战时期，甘肃的工业仍旧属于起步阶段，而且发展迟缓。兰州制造局在辛亥革命后停工，张广建[③]时扩建，国民政府时期易名为甘肃制造局，制造机枪、迫击炮等，国民军东下后，业务停顿。

民国十七年，国民军将领刘郁芬题写的"甘肃制造局"石刻

兰州织呢局1914年恢复生产，但因产品销路不佳而停产。1919年改名甘肃织呢公司，因亏损，1925年停办。1926年改名甘肃织呢厂，1928年又关闭，一直到1937年。④

抗战爆发后，石油资源极度短缺。1938年，国民政府决定开发甘肃玉门油矿。经过艰苦努力，1939年即在老君庙打下第一口油井，日产原油10吨。后来产量逐年增加，1945年年产量达65 768吨，天然气1566万立方米，整个抗战时期，玉门油矿共产原油255 546吨，天然气3686万立方米。⑤

玉门油矿不仅为国家做出了巨大贡献，还培养了大批人才，为以后我国的石油建设奠定了基础。有人说："玉门油矿的出现，毕竟是中国现代石油工业的起步。抗战时期所生产的动力资源，不仅有助于国家渡过战争的难关，也促使政府开始筹划国内未来的石油工业。1949年以后，在此基础上，继续发展石油工业。同时，我们也会发现，抗战时期曾在玉门矿区参加钻井与炼油的技术人员，即是后来海峡两岸石油工业发展的主要推动者。"⑥

20世纪40年代的玉门老君庙1号井

中华人民共和国成立后的甘肃工业建设成就

中华人民共和国成立后直到"文化大革命"，甘肃工业虽然走了一些弯路，但仍旧取得了一些成绩，比如，石化工业异军突起，成为甘肃的支柱性产业，在当时国内举足轻重。"一五"计划和"二五"计划期间，兰州炼油化工总厂和兰州化学工业公司相继建成投产。

相关链接

　　"兰炼"在我国三年经济苦难时期克服重重困难，率先掌握了生产高级石油产品技术，为国家做出了重大贡献。1963年12月4日，我国政府自豪地向世界宣布："中国使用洋油的时代一去不复返了。"⑦

　　甘肃的有色金属业也迅速发展了起来。1960年白银公司正式出铜。1964年金川公司正式产镍。

　　改革开放之后的甘肃，经济迅速发展，工业建设取得重大成就。2007年，甘肃省规模以上工业企业实现利润总额217.79亿元，是2000年的21.02倍，有色、电力、冶金、石化已成为具有甘肃特色的四大支柱产业。⑧

　　改革开放以来，甘肃省政府以建立现代企业制度为目标，以股份制作为企业改制为突破口，将企业推向市场，加快国有企业的改革，同时鼓励发展非国有经济。这一系列措施的实施，使我省一批工业企业脱胎换骨，在激烈的市场竞争中焕发了新春，如金川公司、酒钢集团、甘肃电力、兰州铝业、甘肃祁连山水泥等都得到充分的发展。⑨

酒钢公司

发展中的金川公司

活动建议

　　请你去金川公司、酒钢集团、甘肃电力、兰州铝业、甘肃祁连山水泥参观，制作一期手抄报。

注释

① 兰州通用机器厂创建于1872年，工厂创建初期名为"兰州制造局"，后曾更名为"兰州机械局""甘肃制造局"及"兰州人民机械厂"。1952年改名为"兰州通用机器厂"，是甘肃近代工业史上第一家军工和机械制造企业。2010年10月，经甘肃省政府批准，实力雄厚的四川腾中重工机械有限公司全资收购并重组兰州通用机器制造有限公司，给企业注入了新的活力。

② 李清凌主编：《甘肃经济史》，兰州大学出版社，1996年版，第164页。

③ 张广建（1864—1938），安徽合肥人，字勋伯。1914年任甘肃都督兼民政长，袁世凯阴谋帝制，因劝进有功，被任为甘肃巡抚。

④ 《甘肃通史》，甘肃人民出版社，2008年版。

⑤ 田澍著：《西北开发史研究》，中国社会科学出版社，2007年版。

⑥ 张力：《陕甘地区的石油工业，1903—1949》，1991年编印，第65页。

⑦ 李清凌主编：《甘肃经济史》，兰州大学出版社，1996年版，第361页。

⑧ 省统计局局长樊怀玉：《三十年成就辉煌——透过数据看甘肃30年发展变化》2008-12-25　11：42：29。

⑨ 国家统计局："改革开放30年甘肃工业主导地位显著提升"www.cnfol.com 2008年12月04日10：45。

第 **34** 课　辛亥革命到抗战时期的甘肃

思考提示：从辛亥革命到"五四运动"，陇上的有识之士也在为民主共和做出他们的努力。黄钺、阎士璘、范振绪等创办报刊，传播民主思想。抗战大后方，兰州空战，抗战时期的报刊文艺。如何传承甘肃的共和文化、"五四"新文化和抗战文化？

秦州起义

早在辛亥革命之前，陇上的有识之士就对腐朽的清王朝不满，他们在外地求学时，接触到了民主思想，并成为民主思想的传播者、推广者。1906年，甘肃、陕西的留日学生在日本成立了同盟会陕甘支部，甘肃人张瓒元任支部委员。第二年，甘肃留日学生阎士璘、范振绪等在日本创办了《秦陇报》，号召人们为推翻专制体制，建立民主共和而奋斗。民主志士们创办的刊物陆续邮寄到省内，新思想在陇原大地逐渐传播。

黄钺
秦州起义领导人

黄文中
同盟会会员，甘肃临洮人

柴若愚
同盟会会员，兰州西固人

在东京时，曾流传这样一段佳话，范振绪和沈钧儒属同榜进士，同生辰，同赴日本留学，同攻法律，同时参加同盟会，固有"五同"之佳话。阎士璘是陇西县城东街游击巷人，中进士后，任翰林院编修，1906年赴日本法政大学学习。后致力于甘肃新文化教育的改革，以提倡科学，振兴教育为己任。天水人陈养源，是清末进士，曾任山东夏津、武城等地知县。八国联军入侵后，他到上海开设书铺，销售民主思想的刊

同盟会甘肃支部会员证

物，后来还把大批书刊寄给天水的亲戚子侄。这些书刊在天水流传，为后来的秦州起义打下了思想基础。

1908年，参加江南会党起义失败的同盟会员黎兆枚，参加了徐锡麟光复军后来到兰州，发动安庆起义失败的王之佐也来到兰州，他们和刘先质、彭大寿等人成立了"西北同盟会革命支部"。

武昌起义发生后，消息传到了省内，许多有识之士开始了秘密活动，而甘肃陆军学堂教习、学员们也在密谋起义。陆军学堂是当时创办的新式军事教育学院，也是甘宁青三省历史上第一所军事学校，其主要目标是培养中下级军官。11月3日，学堂的大门上有人张贴告示，其中说："有血气者莫不思奋，振臂一呼，全民响应，扫除腥膻，还我河山。成则为美之华盛顿，不成则为田横五百人。"这张告示言辞慷慨激昂，号召市民响应武昌起义。

1912年3月11日晨6时，黄钺率2000人在秦州起义。起义军以秧歌社火队为掩护，分三路入城。一路攻击游击衙门，游击玉润不听劝告，开枪抵抗，为起义军击毙；一路入贡院，缴械收编地方部队，取得新式武器开花炮3门、单响毛瑟枪200余支；另一路入州衙，知州张庭武被俘。黄钺一人单独前往道署，对巩（陇西）奉（天水）阶（武都）道尹向燊晓以利害，相约共同起事，向燊同意。秦州起义宣告成功，甘肃临时军政府成立，发布了《甘肃临时军政府檄文》，并通电共和，建立民国，黄钺任甘肃临时都督，向燊为副都督，建立了

平等民主的共和体制。

　　1912年3月19日，黄钺秦州起义八天后，兰州正式宣布共和，悬挂中华民国国旗。秦州起义是全国辛亥革命运动中的最后一次起义，起义后，甘肃属中华民国管辖。

"五四"运动唤醒甘肃民众

　　"五四"运动前夕，一批进步刊物传入甘肃，有识之士开始接受新思想，人们的观念也逐渐发生变化。教育家牛载坤创办的"兰州正本书社"公开出售作为新文化号角的《新青年》杂志。从1915年10月15日《新青年》第一卷第二号开始，直到1920年1月《新青年》第七卷第二号为止，"兰州正本书社"作为上海群益书社总发行所在兰州的代销处，经销《新青年》杂志四年多。

　　北京爆发"五四"运动的消息传到甘肃，兰州及各县的学生便在校内举行讲演活动，上街游行示威，号召各界人民抵制日货。他们还强烈要求北洋军阀政府收回山东主权，废除《二十一条》卖国条约，拒签《巴黎和约》等。

北京大学第一批七名女学生和杜威家人合影（左五为邓春兰，右二为王兰）

　　在"五四"精神的鼓舞下，陇上才女邓春兰于5月19日上书北大校长蔡元培，要求大学解除女禁，实行男女同校。女子要求上大学，实行男女同校的第一声，激起了强烈反响，掀开了中国现代教育史的新纪元。

　　1920年元月，在京读书的甘肃部分学生，在"五四"运动的影响下，为了改变甘肃落后面貌，传播新文化新思想，毅然筹办了名震一时的《新陇》杂志。"发刊词"中

邓春兰

的"回顾吾陇，暮气沉沉。大梦未醒。政治之腐败无论矣，社会之污浊无论矣，乃考查教育，亦无教育之可言；虽有零星学校，无异十年前之私塾书院。其课程则犹重经史，轻视科学，以为修齐治平之道，在彼而不在此也"就是甘肃进步青年献给"五四"的厚礼，就是甘肃新青年顺应时代潮流的见证。

抗战时期的大后方

抗日战争期间，甘肃成为全国抗日战场的大后方，在中国共产党倡导的抗日民族统一战线旗帜下，掀起了一场如火如荼的抗日救亡运动。甘肃人民努力生产、保障供给，省吃俭用、献粮筹款，踊跃应征、参军参战，为支援抗战做出了巨大贡献。

行走在黄河铁桥上的骆驼队

全国抗战开始后，为保障战时的物资供给，支援前方抗战，陕甘宁边区发起"救国公粮"活动。陇东老区人民尽管生活十分艰辛，但还是积极地向边区政府交公粮1360万斤，交公草、马料319.2万斤，还组织了数以万计的担架和运输人员支援前线。当地军民还开展了轰轰烈烈的大生产运动，开荒种地，纺线织布，支援前线。陇东由此成为陕甘宁边区主要的后勤保障基地，有"粮仓"之誉，受到了毛泽东和党中央的高度赞扬。兰州市动员募捐抗日支前，仅三个月群众就捐献现洋10多万元。1938年8月，在凉州（今武威）举行了河西各县献金总动员大会，仅半个月就募得献金126 460元（法币）。甘肃各界还踊跃认购"救国公债""建设公债""同盟胜利公债"等，仅"同盟胜利公债"全省认购额1942年就有2286.8万元，1943年更是达7108.7万元。1942年1月，中国航空建设协会总会为西北师范学院捐献"青年号""教师号"飞机颁发奖状。

兰州成为中国重要的国际战略物资中转站，苏联援华的大量武器装备和战略物资在兰州集散，再经空中、陆路和水运送到抗日前线。

抗战时期，陇原儿女为保卫家园，踊跃报名应征，参军参战，5000余名陇原儿女血洒疆场。原红26军约2400多人，至少有一半是甘肃人；抗战时期被编入八路军115师，共有甘肃籍将士超过2000人。此外，参加淮阳血战的骑一师有甘肃籍将士约5000人；参加绥西抗战的35师，甘肃籍将士占一半，逾4000人；在中原地区，历时一年多的中条山战役，牺牲的甘肃籍将士至少有2000多人。

抗战大事记

• 1937年7月12日，甘肃省及兰州市各族各界通电慰劳卢沟桥前方29军抗战将士，对忠勇抗战的全体官兵表示敬意。

• 1937年9月，国民党驻武威骑兵第五军暂编第一师开赴前线参加抗战。同月，新一军军长邓宝珊调榆林，任第二十一军军长，兰州市各界开欢送出征大会。

• 1938年6月，国民党骑兵第五军步、骑各一旅由河西防地东下，开赴抗战前线。

• 1938年底，国民党政府军事委员会在兰州东教场开办西北训练团，蒋介石兼任团长。训练第八战区所辖各省中下级行政人员。至抗战胜利后结束，共办8期，受训人数约5000人。

• 1944年11月，蒋介石号召"十万知识青年从军"。甘肃省成立"知识青年从军征集委员会"，开始办理从军登记。至1945年1月，共征集3760人，其中女青年120人。

甘肃抗战纪念馆

2014年9月3日，甘肃抗战纪念馆在兰州战役纪念馆开馆。展馆占地近200平方米，位于兰州战役纪念馆园区，分为实物展和图片展两部分。实物展为16位抗战老兵塑像，图片展分为开篇、中国远征军之甘肃老兵、保家卫国、大爱无言、向英雄致敬、结语六部分。

活动建议

（1）搜集甘肃成为全国抗日战场大后方的相关史料，制作一期手抄报。

（2）去甘肃抗战纪念馆参观。

第 35 课　冯玉祥与甘肃

思考提示：你了解北伐战争吗？甘肃人民是如何支援北伐的？中原大战时的甘肃发生了什么变化？甘肃省的版图形状奇特，是什么原因造成的呢？

冯玉祥（1882—1948），原名冯基善，字焕章，原籍安徽巢县（今安徽巢湖）人，寄籍河北保定。中国近代军事家、爱国将领和民主人士。

冯玉祥

甘肃是北伐的根据地之一

1924年，反帝反封建的国民革命兴起。1926年夏，国民革命军在广州誓师北伐，以武力打倒封建军阀。9月17日，冯玉祥在五原（今内蒙古自治区巴彦淖尔市五原县）誓师，响应北伐，并任命刘郁芬为甘肃军务督办兼省长。

1926年7月9日，北伐战争开始

北伐战争前夕，直、奉军阀联合，逼迫冯玉祥下野出国考察，并策动甘肃军阀张兆钾、孔繁锦等出兵会攻甘肃国民军。当时刘郁芬部兵力不足万人，省城兰州城防空虚。危急之下，刘郁芬紧急部署兵力，固守待援。6月下旬发动反攻，到9月底，地方军阀势力基本被消灭，实现甘肃全境统一，为国民军参加北伐，实施"固甘援陕"战略提供了坚

169

实的后方基地。

五原誓师时，冯玉祥军队处境极端艰难，"局促穷荒，粮秣匮乏"①，甘肃督办刘郁芬和省长薛笃弼知道后，"薛特送来十万元，为我们的给养之资；棉衣等约五千由黄河以船送来。钱固不够，被服亦缓不济急，然而已经不容易得来"。②

冯玉祥五原誓师

冯玉祥经甘肃、宁夏赴陕途中，看见四乡人民运送的粮食、柴草堆积如山，尤其对泾川印象深刻，看见百姓"把粮食纷纷运到县政府去，肩摩踵接，络绎不绝"，他们都说："今天最重要的是打倒军阀，打倒帝国主义的事，我们出些粮食，不算什么。"③战争打响后，甘肃陆续参军的青年更是达数万之众。甘肃人民出钱、出粮、出力，对北伐贡献卓著，牺牲巨大。④

《甘肃通志稿·财赋志》1924年至1927年甘肃财政兵费支出表（单位：万元）。

年份 项目	1924	1925	1926	1927
财政实支	247	334	498	755
军费实支	124	177	347	521

中原大战与甘肃

1928年12月底，国民党新军阀完成对奉系军阀的"北伐"以后，蒋、冯、阎、桂四派的临时团结转化为激烈的内部斗争。蒋介石为建立专制独裁统治，继1929年全国编遣会议后，又利用国民党第三次全国代表大会，进一步排斥异己、扩充嫡系，导致矛盾激化。

1930年蒋介石与冯玉祥、阎锡山

1930年4月1日，阎锡山就任"中华民国军总司令"，冯玉祥、李宗仁就任副总司令。冯玉祥在就职宣言中称："近月以来，陕甘两省，大股土匪，到处焚掠"，匪首"身边皆带有委任状，乃煌煌全国主席蒋中正所颁发，至有数十路之多"，指斥蒋介石为国家动乱不安的祸根，发誓为国除害。冯玉祥调部将孙

中原大战前，冯玉祥的部队
在潼关红场整装待发

连仲部由甘肃、宁夏、青海东进。孙连仲部东调前，鉴于甘肃局势不稳，建议"应留得力部队，以资震慑"。但是冯玉祥决计与蒋介石进行一次破釜沉舟的决战，"胜则放弃西北，败则仍回师甘肃"⑤。

1930年4月5日，蒋介石下达"讨伐令"，中原大战全面展开。

国民军在战争中表现英勇顽强。但战争后期陇海线的八月攻势未成功，津浦线晋军又遭挫败，蒋军由劣势转为优势，阎冯联军则由主动变为被动。9月18日，张学良通电拥蒋，率兵入关，在阎冯联军背后发起进攻，阎冯联军迅速瓦解。11月初，阎、冯被迫通电下野。之后，南京政府的势力乘机入甘，

东北军入关到达天津

结束了1924年至1930年间冯玉祥国民军统治甘肃的局面。

甘宁青分省内幕

甘肃的行政区域奠定于两汉，完成于清朝。1884年划出新疆后，甘肃辖区为现在的甘、宁、青三省区。1904年，曾任甘肃布政使的岑春煊率先提出甘肃应分省而治，而最终促使该提案实施的是冯玉祥将军。

1928年，为遏止地方军阀割据势力，蒋介石提出了"缩小省区论"及裁军的两大号令。冯玉祥为保存实力与蒋抗衡，决定成立甘肃省政府，以刘郁芬为

171

主席。1929年，青海与宁夏建省的议案通过，由冯玉祥的爱将孙连仲和门致中分任省主席。

分省后，甘肃省的战略地位更加重要，控制了甘肃省就相当于控制了西北的半壁江山。因此，甘宁青分省在某种程度上对中国西部边疆的稳定起到了积极影响。

岑春煊

活动建议

（1）以小组为单位，讲一讲冯玉祥的故事。

（2）准备活动的甘肃省地图拼图，比一比看谁拼得快。

注释

① 冯玉祥：《我的生活》下册，上海教育书店，1947年版，第496—497页。

② 冯玉祥：《我的生活》下册，上海教育书店，1947年版，第528—529页。

③ 杨元忠、魏其荣：《甘肃为北伐战争提供坚实后方》，《甘肃日报》。

④ 李世军：《冯玉祥与马雷事变》。

⑤ 中原大战，是指1930年4月，阎锡山、冯玉祥、李宗仁等联合发动的反对蒋介石的战争，又称蒋冯阎战争。战争历时七个多月，双方投入兵力110万人以上，支出军费5亿元，死伤30万人，战火波及20多个省，是中国近现代历史上一次规模最大的军阀战争。

第 **36** 课　甘肃红色文化

思考提示：甘肃具有独特的红色文化，"南梁精神""会师精神""红西路军革命精神"等宝贵的精神财富和优良的革命传统，为甘肃增添了一道独特的文化风景线。

南梁根据地

南梁，位于陕甘边界的桥山山脉北段，甘肃省华池县东部。1929年，刘志丹、谢子长、习仲勋等同志在党的领导下，到陕甘边一带开展武装斗争。经过艰苦的努力，1930年至1933年，先后组建中国工农红军陕甘游击队、中国工农红军第二十六军。1934年初，在南梁附近的四合台选举成立陕甘边革命委员会。同年11月，在南梁荔园堡召开工农兵代表大会，成立陕甘边区苏维埃政府和革命军事委员会，习仲勋分别当选为陕甘边区革命委员会主席和苏维埃政府主席，刘志丹当选为革命军事委员会主席。以南梁为中心的陕甘边革命根据地的创建和发展，标志着陕北红军在运用马克思主义原理指导中国革命斗争实践上的成熟，为党中央将革命大本营的"落脚点"定在延安提供了坚实的基础。

在创建陕甘边区革命根据地的过程中，刘志丹和习仲勋经历了艰难曲折的斗争，付出了大量心血，为中国人民的解放事业建立了不可磨灭的功勋。被毛泽东同志誉为"群众领袖，民族英雄"的刘志丹在1936年的东征战役中英勇牺牲，年仅33岁。1959年4月，习仲勋任国务院副总理，中国共产党第十一届中央委员会书记处书记，第十二届中央政治局委员、书记处书记，第五、第七届全国人民代表大会常务委员会副委员长。

南梁革命纪念馆

红军长征在甘肃

　　红军曾四次由毛泽东率领突破了国民党的"围剿"，但由于李德等一意孤行的"左"倾教条主义的错误领导，中央红军未能打破国民党军第五次"围剿"。为保存实力，1934年10月，红军被迫退出中央根据地进行两万五千里长征。

　　1935年9月，毛泽东、周恩来率领红一方面军越过雪山草地后，到达腊子口，堪称"一夫当关，万夫莫开"的天险腊子口位于迭部县东北部的腊子乡。敌人在腊子口进行重点防守，毛主席毅然决定立即夺取腊子口，打通红军北上通道。红军将士通过正面强攻与攀登悬崖峭壁迂回包剿的战术，经过两天激烈的浴血战斗，英勇善战的红军出奇制胜，击溃甘肃省军阀第十四师师长鲁大昌早已部署好的守军，于9月17日凌晨全面攻克腊子口天险，打开了中央红军北上进入陕甘的通道。

红军长征甘肃路线图
（1935—1936）

1935年9月18日，党中央率领红一方面军突破天险腊子口，占领哈达铺（位于甘肃省宕昌县哈达铺镇）。9月20日下午，毛泽东、周恩来等中央领导到达哈达铺。从当地邮政代办所国民党报纸上获得陕北有红军和根据地的消息，遂做出了把红军长征的落脚点放在陕北的重大决策。9月23日，中央率陕甘支

黄镇漫画

队离开哈达铺北上。1936年8月9日，红四方面军第三十军通过腊子口后占领哈达铺；25日，红二方面军六军进驻哈达铺。9月1日，红二方面军总指挥部及二军到达哈达铺。10月4日，相继北上。哈达铺是红军长征北上的里程碑，万里长征即将胜利完成的转折点，它以其特殊的地位，名载中国革命的光辉史册，被杨成武将军称为红军长征的"加油站"。国务院公布全国重点文物保护单位时称"哈达铺是决定中国工农红军长征命运的重要决策地"。

近年来，宕昌县在市委、市政府的正确领导下，进一步解放思想，开拓创新，提出了"弘扬长征精神，振兴地方经济"的发展思路，团结带领广大干部

群众，锐意进取，扎实苦干，大抓红色旅游，加强哈达铺基础设施建设，不断改善哈达铺镇农业生产基本条件，合理调整农业产业结构，千方百计增加农民收入，努力为群众创办实事，社会各项事业都取得了长足进步。全面启动的红色旅游基础设施建设，使以红色资源为主的旅游产业开发格局初步形成。哈达铺的明天会更好。

会宁会师

会宁自古以来就是交通要道、军事重地，素有"秦陇锁钥"之称，同时有"西北高考状元县"和"博士之乡"的美誉。

会师门

会师楼旧址

1936年10月，中国工农红军一、二、四方面军经过艰苦卓绝的长征，在甘肃会宁地区胜利会师。红军三大主力的会师，是长征胜利的标志，革命力量大团结的象征。三军会师战略目标的实现，是全党全军顾全大局、紧密团结、共同努力的结果。会宁会师的核心就是求团结、求统一、求胜利。在新的历史时期继承和发扬"坚持党性原则，顾全大局，团结统一，争取胜利"的会师精神，对于推动党的建设、构建社会主义和谐社会，促进社会经济文化各项事业的发展，实现中华民族伟大复兴事业都具有十分重要的现实意义。

活动建议

（1）去甘肃华池县南梁革命纪念馆考察。

（2）去甘肃会宁县会宁会师纪念馆考察。

第 37 课　从土改到家庭联产承包责任制

思考提示：中华人民共和国成立后甘肃划分为不同区域，有步骤、分期、分批地顺利完成了土改，之后，开始了农业合作化运动，皋兰县成为农业合作化的典范。人民公社化时期，甘肃粮食和洋芋产量"放卫星"，出现了严重的经济困难，红崖湾率先包产到户。

甘肃土改的开始

中华人民共和国成立之始，全国仍有三分之二的地区存在着封建土地制度，很大程度上制约着社会生产力的发展。为此，党和人民政府领导亿万人民有步骤地开展了废除封建土地所有制的土地改革运动。在西北地区，由于自然和历史原因，封建土地所有制更为根深蒂固，土改工作要有条不紊地进行。1950年1月17日，针对陕甘宁三省的土改部署，毛泽东致电中共中央西北局第一书记彭德怀、第二书记习仲勋说："陕甘宁三省今冬只在部分地区进

1952年甘肃定西岷县
土改工作组合影

行土改，取得经验，推迟至明冬普遍进行土改，是比较妥当的。"对甘肃等地的土改进程做了宏观上的安排。按照这个部署，甘肃从实际情况出发，划分不同区域，有步骤、分期、分批地顺利完成了土改。

武威镇反运动配合土地改革

1951年，武威地委在镇反运动中，认真宣传党的政策，深入发动群众，打击了国民党遗留在武威的反动势力，有力地配合了土地改革等的顺利开展。其间，武威专署公安处尝试着召开了一次反革命分子家属座谈会，座谈会上，多位家属表示，以后要搞好生产，好好生活。座谈会收到了教育、团结群众的良好效果。5月19日，中共中央西北局

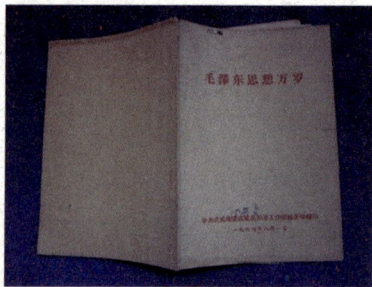

中共武威地委武威县四清工作团
1966年编印《毛泽东思想万岁》

转发了武威地委关于此次座谈会情况的报告。5月23日，毛泽东对座谈会报告做出批示："武威的经验很好，全国各县市均应这样做"，同时转发各中央局、分局、省市区党委及地委县委，将武威的成功经验推向了全国。

皋兰县成为农业合作化的典范

1954年12月3日，中共甘肃省委农村工作办公室以文件的形式将皋兰县委关于"大力全面开展以互助合作为中心的农业增产运动计划"印发各地，供制订计划时参考。皋兰县委的这个计划时间跨度为1954年至1957年，包括皋兰县发展基本情况、全面开展互助合作运动计划、农业基本建设计划、农业

毛泽东同志给皋兰县题写按语

增产任务、文教等社会事业的发展、加强党对农业社会主义改造的领导六个部分，内容翔实，结合了皋兰县的实际。18日，甘肃《工作资料》140期发表了这份计划。1955年9月，这份计划被收入《中国农村的社会主义高潮》一书，毛泽

东将题目改成《皋兰县的三年发展计划》，并写了按语，这个"全县的全面计划，总的精神是好的……建议每个县都在国家和省区的计划许可的范围内，根据当地的实际情况，做出一个可行的全面计划……甘肃省委农村工作部对于各县做计划这件事，认为可以先由县级将计划的轮廓发给区乡，由各区乡依据县的计划和当地的情况，制定本区本乡的计划，报告到县，然后由县综合起来，再行决定县的计划，我们认为这个意见是好的"。毛泽东高度赞扬这份计划，将文件当作模板在全国范围内加以推广。紧接着《人民日报》《中国农民报》《甘肃日报》就主席给《计划》写的按语分别在醒目位置发表了社论。《甘肃日报》全文转载《人民日报》的社论并对《计划》加注编者按刊发。毛泽东主席在他所编辑的《中国农村的社会主义高潮》一书中收录了《计划》的全文。这在当时，极大地鼓舞了皋兰县广大干部群众办社的积极性，使皋兰人民获得了信心，战胜了灾荒，渡过了难关，对全县、全省乃至全国的农业生产互助合作运动的发展，起到了极大的推动作用。

红崖湾率先包产到户

安徽省凤阳县小岗村的故事，几乎无人不晓。然而却很少有人知道，与小岗村同时期的甘肃省陇西县碧岩公社的红崖湾，同样是开我国农村改革的先河。在国家政策明令禁止包产到户的情况下，陇西县委以极大的政治胆略和创新勇气，冲破政策禁锢，顺应群众的意愿和要求，支持碧岩公社党委指导红崖湾秘密试办包产到户，使这个"烂包"生产队群众的生产积极性仿佛在一夜之间沸腾了起来。之后，陇西县委又在全县31个生产队试办包产到

《红崖湾的秘密》

户，随即在全县迅速全面推行，陇西县由此成为全国实行包产到户最早的地方之一。红崖湾及陇西县的实践，极大地调动了广大农民的生产积极性，解决了

长期以来一直想解决而没有解决好的群众吃饭问题，恢复和发展了农业生产，为全市农村改革创造了经验，起到了示范和带动作用。毋庸置疑，红崖湾是甘肃省早期农村改革的一面旗帜。与安徽省小岗村由农民自发尝试包产到户不同之处是，陇西县委和公社领导顺应农民群众的生产要求，冒着政治风险，率先搞包产到户的自觉尝试，这正是红崖湾包产到户难能可贵的原因。

实行改革开放的30年来，甘肃省农村经济体制发生了重大的历史性变革，农业建设取得了巨大的成就，农村面貌发生了深刻的变化，成为甘肃农业发展史上发展最快、成效最为显著的重要时期。实现了主要农产品由全面短缺到基本自给的历史性转变。全省粮食产量自1983年突破50亿千克后，连续登上了60亿、70亿、80亿千克三个台阶。

活动建议

（1）访问爷爷奶奶和爸爸妈妈，整理一段口述历史，了解家乡土地变迁史。

（2）阅读张全有编著的《红崖湾的秘密》。

参 考 文 献

［1］刘光华.甘肃通史［M］.兰州：甘肃人民出版社，2013.

［2］杨建新.中国西北少数民族通史［M］.北京：民族出版社，2009.

［3］甘震亚.陇文化丛书［M］.兰州：甘肃教育出版社，2009.

［4］张克复.甘肃史话丛书［M］.兰州：甘肃文化出版社，2009.

［5］韩文奇.河陇文化［M］.北京：中央广播电视大学出版社，2011.

［6］李孝聪.中国区域历史地理［M］.北京：北京大学出版社，2004.

［7］刘基.华夏文明在甘肃（历史文化卷）［M］.北京：人民出版社，2013.

［8］龚荫.中国土司制度［M］.昆明：云南民族出版社，1992.

［9］魏文斌，吴荭.甘肃佛教石窟考古论集［M］.兰州：甘肃人民出版社，
    2009.

［10］中共天水市委研究室.红军长征在天水［M］.兰州：甘肃人民出版社，
    2013.

［11］中华人民共和国教育部.完善中华优秀传统文化教育指导纲要［S］.教科
    社［2014］3号.

后 记

陆上行舟

——甘肃的未来

　　"丝绸之路三千里，华夏文明八千年"，回顾历史是为了更好地把握现在，开拓未来。

　　甘肃的未来有独特的政策优势。国务院办公厅《关于进一步支持甘肃经济社会发展的若干意见》从国家战略层面提出，甘肃要"努力建设工业强省、文化大省和生态文明省"。国务院批复的《陕甘宁革命老区振兴规划》对自然人文资源保护、公共文化服务体系建设、文化产业发展等都提出了明确要求。

　　甘肃的未来有难得的发展机遇。《中共中央关于深化文化体制改革，推动社会主义文化大发展大繁荣若干重大问题的决定》和《国家"十二五"时期文化改革发展规划纲要》等文件对文化大发展大繁荣做出了总体安排部署。其中"加强国家重大文化和自然遗产地、重点文物保护单位、历史文化名城名镇名村保护建设，抓好非物质文化遗产保护传承""加大西部地区和少数民族非物质文化遗产保护力度。统筹国家级文化生态保护区建设"等就是文化传承创新的良机。

　　甘肃的未来有良好的创新基础。甘肃是华夏文明发源地之一，从古至今，陇原儿女以不同的方式传承着家乡的文明。当今的文化建设是社会主义经济发展的重要方面，《甘肃"十二五"文化发展规划纲要》和《关于进一步加快文化大省建设的意见》等一系列重要文件有力地推进了全省的公共文化服务体系建设，进一步深化了文化体制改革，发展壮大了骨干文化企业。

甘肃的未来有特殊的传承群体。青少年学生是华夏文明传承的生力军，他们在历史学习中将个体情感与历史知识、外部环境联系在一起，在互动建构的过程中完成文化精神的传递。《甘肃文化读本》为青少年学生了解甘肃历史、传承家乡文化打开了一扇窗，沿着历史的踪迹，向着新的文明迈进。